ABUNAI DEKA MANIACS

あぶない刑事
マニアックス

講談社編

contents

はじめに

　本書は、『まだまだ あぶない刑事』DVDデラックス版の封入特典だったブックレット「THE MOVIES MUSEUM」、パートワーク『あぶない刑事　全事件簿』に連載していたグッズコーナー「あぶデカ秘宝館」を完全版にしたいということではじまった企画です。さらなるパワーアップを図るため、聖地巡礼を加えた2本柱で構成、当初は2022年9月のTVシリーズのBlu-ray BOX発売のタイミングに合わせて刊行すべく作業していました。しかし、そこにビッグニュースが飛び込んできました。2024年に新作映画が公開されるというのです。本書の発売は映画公開時に合わせるということで一旦延期となり、紆余曲折を経て、この度ようやく発売に至りました。

　グッズは現物が入手できさえすれば問題ないですが、ロケ地に関しては一から取材が必要。横浜のちょっとしたガイドブックも兼ねてという意図もあり、代表的な観光地から、ドラマ内でしかピックアップされないであろうマニアックな場所まで可能な限りを掲載しました。しかし、今回取材をしてみて38年の歴史をひしひしと感じました。ドラマ開始当初はベイブリッジすらなく、今では横浜の観光名所である赤レンガ倉庫も放送当時には現役の倉庫でした。

　ひとつご注意いただきたいことがあります。今回掲載したなかには、現在では立入禁止区域となっている場所も多く、特別に取材をさせていただいたところもたくさんあります。そのため、それらの場所への問い合わせや無断侵入などは決してしないでください。

　あの場所が出てこない、このグッズが載っていないなどあるかもしれませんが、そう言わずにノスタルジーを感じながら大らかな気持ちでご覧ください。

市来満

『帰ってきた あぶない刑事』 ＋トオル
タカ＆ユージ名場面フラッシュ

2024年5月24日に公開される『帰ってきた あぶない刑事』の名場面をご紹介。
刑事を退職して探偵となったタカ＆ユージのクール（＆ おちゃめ）な姿をご覧ください。

『帰ってきた あぶない刑事』
&
TVシリーズ『あぶない刑事』

横浜
ロケ地
ガイド

Filming Location Guide

新作映画＋TVシリーズの横浜ロケが行われた場所をリサーチし、
現在と放映時の様子を対比して紹介。
ドラマではおなじみであっても、現在まで残っているものは決して多くない。
果たして "あの場所" は現存しているのか!?
古き良き横浜の姿を思い浮かべながら楽しもう。

参照にあたって
話数のみ＝『あぶない刑事』(TV) 🅼＝『もっとあぶない刑事』
スポット名については分かりやすさを重視し、現在の名称か、撮影時の名称（現存しない場所など）、ドラマ内での呼称
のいずれかを入れています。跡地については正確な住所が入っていない場合もありますが、ご了承ください。
エリア情報は2024年4月までのものです。
ロケ地ガイドでは観光スポット、ショップだけではなく、関係者以外の立ち入りが禁止されている場所も紹介しています。
むやみに訪れたり、問い合わせをしたりすることはお控えください。

A

『帰ってきた あぶない刑事』＆TVシリーズ『あぶない刑事』

横浜ロケ地 MAP

馬車道〜中華街〜元町・拡大図

1

2

•横浜港大さん橋
国際客船ターミナル

象の鼻パーク

横浜港

横浜税関

46

横浜税関

45

44

42

43

日本大通り

シルク博物館

23 24

47

日本大通駅

山下ふ頭

19

31

県立県民ホール

神奈川芸術劇場

山下公園中央口

18 山下公園

48

みなとみらい線

25

7

27

C

11

22

13

26

20

F

12

6

10

21 山下橋

中華街

14

元町・中華街駅

28

8

30

32

9

15

29

36 35

16

71

17

62

63

石川町 JCT

64

68 港の見える丘公園

石川町

石川町駅

元町

69

65 元町公園

70

66

東急東横線
東白楽駅
新子安駅
子安駅
首都高速神奈川1号
横羽線
首都高速
5号大黒線神奈川

1

京急本線
神奈川
新町駅
E

神奈川
東神奈川駅
京急東神奈川駅

三ッ沢下町駅
15

JR東海道本線
82
83

反町駅
85
89
H

神奈川駅
84

横浜駅西口
金港JCT
87 横浜駅

88

首都高速湾岸線

大黒JCT

新高島駅
86

平沼橋駅

臨港パーク
横浜港

高島駅

戸部駅
みなとみらい駅

京急本線

みなとみらい
16
横浜赤レンガ倉庫

横浜市営地下鉄
ブルーライン
桜木町駅
横浜港大さん橋
国際旅客ターミナル

馬車道駅

野毛山動物園
みなとみらい線
日本大通り駅
山下ふ頭

日ノ出町駅
山下公園
34

関内駅
本牧ふ頭

横浜市営地下鉄
ブルーライン
伊勢佐木
長者町駅
元町・
中華街駅
33

黄金町駅
新山下

石川町
JCT
横浜公園
港の見える丘公園

南太田駅
阪東橋駅
石川町駅
石川町
本牧JCT

吉野町駅

首都高速神奈川3号
狩場線

JR根岸線

柏葉公園
76
77
74
本牧ふ頭

72
本牧通り

山手駅
16

堀割川
根岸森林公園
73
78

67

根岸駅
首都高速湾岸線

三溪園

357

79
80
三溪園

81

磯子駅

16

磯子
横浜港

『帰ってきた あぶない刑事』&TVシリーズ『あぶない刑事』

横浜ロケ地MAP

横浜・広域図

『帰ってきた あぶない刑事』
ロケ地ガイド

横浜ハンマーヘッド（新港ふ頭）

住 神奈川県横浜市中区新港 2-14-1　☎ 045-211-8080

巨大なクレーンがトレードマーク
横浜の新観光スポット

2019年に開業した複合施設。かつては新港ふ頭の客船ターミナルであったが、みなとみらい21の一環としてリニューアル。商業施設やホテル（インターコンチネンタル横浜Pier8）からなる日本初の複合施設。

8年ぶりに、ニュージーランドから横浜へと帰ってきた、鷹山敏樹と大下勇次。オープンカーで新横浜ふ頭に乗りつけた2人は、みなとみらいの夜景を眺める。新たな「あぶない刑事」伝説の幕開けだ。

巨大な「ハンマーヘッドクレーン」は、1914年に建造された英製の50トン・ジャイアント・カンチレバークレーン。日本に現存する3基の内のひとつ。

MAP Ⓑ | THE BAYS

㊟神奈川県横浜市中区日本大通 34

ベイスターズが運営する スポーツをテーマにした複合施設

横浜DeNAベイスターズの本拠地、横浜スタジアムに面した横浜市指定有形文化財。1 階は野球をテーマにした飲食店とライフスタイルショップ、2 階には会員制コワーキングスペースなどが入居する。

タカとユージが経営する探偵事務所の撮影は、「THE BAYS」で行われた。探偵事務所の名が刻まれたプレートには、他階にある架空の社名が書かれている。

探偵事務所の駐車場として登場する、横浜公園に面した中庭。劇中では土屋太鳳演じる永峰彩夏が、長崎からバイクで乗りつけた。また、タカとユージが所有するBMWも置かれていた。

タカとユージが経営する探偵事務所の名は「T&Y DETECTIVE AGENCY」。外出時にはスーツでビシッとキメるタカも、所内では比較的ラフなスタイルなのだ。

タカが出かけている時、家事はユージの担当。洗濯など意外とうまくこなしている。実際に、「THE BAYS」の屋上で撮影が行われた。※屋上は一般公開していません

ホテルニューグランド

📍神奈川県横浜市中区山下町 10

矢沢永吉も曲にした
日本を代表するクラシックホテル

昭和2年開業。本館は横浜市認定歴史的建造物。本館1階コーヒーハウス「ザ・カフェ」では、このホテルが発祥といわれているドリア、ナポリタン、プリン・ア・ラ・モードを楽しむことができる。

1991年にオープンした、18階建てのタワー館。こちらの1階が、現在の正面玄関となる。客室からはベイブリッジや大さん橋など、横浜港の美しい眺めを一望できる。

海堂巧（早乙女太一）主催のパーティのシーンに「ペリー来航の間」（写真右上）が使用されたほか、タカとステラ（吉瀬美智子）の重要な場面にも使われている。また、プロモーション用のティザーカット（写真左）もホテル内で撮影された。

MAP Ⓓ 横浜ロイヤルパークホテル

⌂神奈川県横浜市西区みなとみらい2-2-1-3 ☎045-221-1111（代表）

横浜ランドマークタワー内の日本で一番空に近いホテル

超高層ビルとしては、日本で3番目の高さを誇る横浜ランドマークタワーにあり、客室はすべて地上52階（210メートル）以上。67階までが客室で、68階と最上階70階はレストランとなっている。

みなとみらい21の一環として、1993年に開業した横浜ランドマークタワー。この辺りは埋め立て地となっており、TVシリーズ放送時には見ることのできなかった夜景だ。

タカは、ホテルのバーで謎の美女ステラ・リー（吉瀬美智子）と語り合う。彼女はいったいどんな秘密を持っているのか……。

アクアリアタワー横浜（旧・ニューステージ横浜）

🏠 神奈川県横浜市神奈川区新浦島町 1-1-32

地上18階建てワンフロア500坪以上 巨大なオフィスビル

1993 年に竣工し、2023 年に外構・共用部を大規模リニューアルしたビル。これを機に「アクアリアタワー横浜」へ改名。大手某企業のオフィスやコンビニ、R&D 施設などが入居中。

新しくなった港署で、8 年ぶりに再会したタカ&ユージと、トオル&瞳。課長になってひさしいとはいえ、トオルはいつまでもタカとユージには頭が上がらない。左は、撮影に使われた町田課長の机。

港署のボードには、さまざまなポスターや貼り紙が。写真の「サングラス着用禁止」のほかにも、「第8回ダンディー&セクシーコンテストのお知らせ」など、遊び心溢れる物ばかり。

課長室の壁に祀られた祭壇。センターには水晶も。その下の額には、港警察署の署訓「不欲」「不屈」「不染」が飾られている。ちなみに「不染」とは、何事にも染まらないことを意味する。

サングラスで決め、渋く登場したタカとユージ。2 人は、ある事件調査の進展状況を町田の元にとりにきた。町田は練習していた先輩撃退法を披露しようとするが……。

MAP Ⓕ 華正樓 横浜中華街本店

住 神奈川県横浜市中区山下町 186
☎ 045-681-2918（代表）

85年の歴史を持つ、中華街でも老舗の料理店

中華街にはさまざまな牌楼（門）が建つが、元町・中華街駅を出るとすぐに見えるのが「朝陽門」。門をくぐった先にあるのが、この「華正樓」である。高級感あふれる装飾の中で、本格的な中国料理を楽しむことができる。

タカは顔なじみのフェイロン（岸谷五朗）と、彼が経営する店内（別場所）で語り合う。上写真は映画のメイキング。店の前にフェイロンが乗る外車が駐車されているのが分かる。

フェイロンが経営する店へ向かうため、中華街を歩くタカ。写真のシーンが撮影されたエリアは、「華正樓」からは少し離れたところ。また、店内のシーンは、別の場所で撮影されている。

うっとりしている（?）タカとユージ。店内の撮影は、別場所に組まれたセットで行われた。1999年のゴージャスな内装と、閉店しての空きビルとなったあとの両方のセットが組まれた。

中華街の外れにあるとされる、ステージが設置された大型のバー「CAPRI ISLAND」。シャッター前で佇むユージ。実際に撮影に使用されたのは店外のみだ。

MAP Ⓖ 『カプリアイランド』（劇中名）

住 神奈川県横浜市中区福富町仲通 34

コアな街・福富町の中心に建つ大人向けの店舗が入った賃貸オフィス

『カプリアイランド』の外観は、福富町にある賃貸オフィスが使われた。ビルにはクラブやキャバレーなどのテナントが入っているほか、近くに風俗店や多国籍店が並ぶディープなスポット。

MAP Ⓗ BAR POLESTAR

住 神奈川県横浜市神奈川区千若町 2-1-4

TVシリーズだけでなく新作映画にも登場!

あぶデカファンにはおなじみのバー。1954年のオープン当初は、米進駐軍の接収下に置かれ米軍関係者で賑わっていた。TVシリーズに登場した「BAR POLESTAR」は、P112で紹介。

窓の外には海が広がり、時が止まったかのように撮影当時と変わらない店内。現在は通常営業はしておらず、貸し切りパーティや撮影などでの利用のみとなっている。

タカはある情報を得るため、情報屋となったナカさんと会うことに。シリーズに何度も登場してきた「POLESTAR」が、『帰ってきた あぶない刑事』にも登場している。

海上保安庁横浜海上防災基地

住 神奈川県横浜市中区新港 1-2-1

TVドラマでもおなじみ
横浜海上防災基地

横浜海上保安部等の庁舎がある、各種訓練・研究に使用される基地。TVドラマ『海猿』や『DCU』などの舞台としても知られている。併設された「海上保安資料館横浜館」（工作船展示館）では、九州南西海域工作船事件の際に東シナ海で自爆・沈没し、後に引き上げられた北朝鮮の工作船も一般公開されている。

第38話「独断」

無実の罪に問われている長谷川（竹内力）。タカとユージは捜査に当たるが、なぜか銀星会に追われる羽目に……。タカとユージ、そして長谷川は新港埠頭へと逃げる。左写真は現建物の入り口付近。撮影当時はコンテナヤードだった。

第21話「決着」

フィリピン人女性マリア（佐々木美須加）の夫が殺された。彼女は復讐のため、銀星会幹部・倉橋（内田勝正）を狙う。マリアはカオルを拳銃で脅してレパードを強奪。そして倉橋の所へと向かった。ここは、埠頭突端の横浜港新港埠頭5号岸壁付近。

第4話「逆転」

ユージは赤いバッグを持った少女・美由紀（河合美智子）に追われていると助けを求められるが、周囲に怪しい人物はいなかった。しかし、翌日、美由紀が新港埠頭を歩いていると車に襲われる。写真は、埠頭の入り口で、「ララ物資の記念碑」近く。

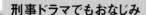

🏠神奈川県横浜市中区新港 1-1 ☎045-211-1515（ホール&スペース） ☎045-227-2002（商業施設）

刑事ドラマでもおなじみ
横浜を語るうえで欠かせない文化・商業施設

横浜を代表する観光名所のひとつ。1 号館、2 号館からなり、そのテナントは 60 店舗以上。目の前の広場では、各種イベントなども行われている。舘ひろしはクールス時代、デビューシングル&アルバムのジャケットや主演映画『薔薇の標的』を、柴田恭兵はドラマ『大追跡』で、ともに『あぶない刑事』以前にも撮影を行っている。

1911 年に、倉庫として誕生した「横浜赤レンガ倉庫」。撮影当時には引き込み線の線路があり、関係者以外は立ち入り禁止だった。その後、2002 年に商業施設へと生まれ変わった。

こんなシーンに登場！

【第12話「衝動」】歌手を夢見て上京した少女・道子（藤本恭子）が殺された。あしながおじさん的な役割をしていた銀星会の野島（苅谷俊介）は、犯人の富岡（椎谷建治）に復讐を誓う。それを止めに向かうユージは、赤レンガ倉庫の前を疾走する。番組屈指の名場面となった。

【第15話「説得」】爆弾を仕掛けたと入電。倉庫前からだと判明し急行すると、そこにはカオルがかつて逮捕した仁（永瀬正敏）が。

エンドロールバック

タカとユージは、1号館前を現在の赤レンガパーク方面に走っている。そして、現在の海上保安庁の横浜海上防災基地のある新港ふ頭に向かい、コンテナ街でジャンプ。

2002年4月12日、商業施設としてオープン。そして22年12月6日にリニューアルオープンした。一連の写真は1号館。

第2話「救出」

3人の銀行強盗犯のひとり、依田（山田隆夫）を逮捕するが、トオルを人質に取られてしまう。トオルを救うべくタカとユージが犯人を待ち伏せする。

第18話「興奮」

誘拐事件に振り回されるタカ。犯人の言いなりとなり、横浜中を走らされることに。倉庫に着いた途端、頭上からレンガが。

【第19話「潜入」】銀行強盗犯の森岡（伊藤敏八）を追い、森岡の女・悦子（一色彩子）の勤めるクラブに潜入したトオル。襲われた悦子を救ったことから、ボディガードを頼まれる。そして森岡と接触する場所に向かうが……。写真は赤レンガ倉庫に繋がる、現「赤レンガパーク」の辺り。

【第20話「奪還」】赤レンガ倉庫前の電話ボックスから電話をかける男を見張るユージたち。九州からブツが流れているという情報を得ていたタカとユージは、男の乗っていた車が九州ナンバーであることから彼が売人であると睨む。男を問い詰めるとトランクには女性の姿が。ここは1号館の裏手。

MAP ③ 万国橋

住 横浜市中区海岸通～新港

関内と新港ふ頭を結ぶ コンクリートアーチの橋

1904年に完成し、強化のため40年に鉄筋コンクリートアーチの橋に架け替えられた。それが現在の万国橋である。長さ33.5m、幅24m。橋からのみなとみらい地区の眺めは美しく、91年には"かながわの橋100選"にも選ばれた。「海猿」「ショムニ」など、ドラマの撮影などにもよく使われている。

第7話「標的」

港署にビデオが届けられた。映像にはテニスを楽しむ女性の姿と、「PM14:00 この女を殺す」という文字が映し出される。ビデオの女性の身元を確認すると、山下署の婦人警官だと判明する。そして予告どおり婦警は狙撃されてしまう。

第51話「悪夢」

港署のメンバーが、次々と白の帽子にロングコートの男に襲われる。そして男はライフル銃で港署を強襲。突然の出来事にタカも反撃できず、バイクで追うが逃げられてしまう。さらに男は、万国橋に現れ新港派出所を銃撃するのだった。写真の交番は、ロケ地に持ち込まれたセット。

2024

桜木町駅周辺から JR 根岸線沿いに伸びる細長い町域

明治初期に鉄道用地として造成されたエリア。初代の横浜駅が設置された、日本の鉄道発祥の地だ。みなとみらい地区への玄関口として活用され、「コレットマーレ」「横浜ブルク13」などが入居する「ヒューリックみなとみらい」が建つ。桜木町駅前と横浜ワールドポーターズを繋ぐロープウェイが2021年に完成した。

1988

1987

第39話「迷走」

謎の女・万里（夏まり子）に拳銃を突きつけられ、ユージとカオルが拉致されてしまった。写真の「第一測量桜木町ビル」は、万里の経営するダンス教室があるという設定で登場。今も当時と同じ形で残っている。

第 7 話「標的」

港署に婦人警官の殺害予告が入る。2人目の標的となった警官はダンス教室に通う姿を撮られていた……。ここはそのダンス教室のあった場所、「野毛ちかみち」南2Bの出口前にある「桜木町ビル」である。今も当時と変わらぬ形で残っている。

第12話「衝動」

銀星会の野島（苅谷俊介）は、目をかけていた歌手志望の道子（藤本恭子）が殺され、復讐を誓う。野島を止めるために現場へ向かうユージのシーンは桜木町だが、現在は整備・舗装されているために当時の街並みを見ることはできない。

2024

1986

2022

2022

1986

🏠 神奈川県横浜市相生町6-113

4作にわたって使用された三代目横浜港警察署

劇場版第1作から「またまた」「もっと」「もっとも」まで、長きに渡って三代目横浜港署の外観として使われていた千代田生命ビル。桜木町駅からほど近く、目の前には大岡川が流れている。

残念ながら現存はしておらず、その跡地には、1993年に施工されたオーク桜木町ビル（写真）が建っている。

🎬 第1話「多難」

2人組の銀行強盗を逮捕したタカとユージ。奪った金で爆弾を買い、企業を脅す計画だったことを訊き出したタカとユージは、他の仲間の爆弾売買を止めに向かう。TVシリーズとしては初登場。

🎬 第25話「一気」

本牧のスナックで強盗事件が発生。犯人の尾藤（問田憲輔）と仁（倉崎青児）を追い詰めるが、仁は覆面車で逃走する。捜査を進めるうち、仁に情が湧いたユージはピンチの彼を救出に向かう。

🎬 第15話「不惑」

銀行強盗の人質となった女性・牧野恵（網浜直子）を不慮の事故で死なせてしまったタカとユージ。責任を感じ事件解決に熱くなる2人は、刑事生命をかけてひとつの賭けに出る。警察手帳と拳銃を置いて署を出ようとするが……。

🎬 第12話「突破」

登場回は少ないが三代目港署の向かいの川沿いがこの場所。流れる川は大岡川、後ろに見える橋は住吉橋である。様変わりした港署とは違い、今もほとんど変わらず残っている。

🎬 第20話「迷惑」

街で銀星会相手にケンカをする男。男は警視庁捜査一課の橘刑事（苅谷俊介）だった。橘はタカに、ある事件への協力を要請する。嫌がっていたタカだったが、彼の熱意に負け手伝うことに。

MAP ⑥ 善隣門

🏠神奈川県横浜市中区山下町143

横浜中華街のシンボルともいえる中華街大通り入り口に立つ牌楼

1955年に、中華街で最初に建てられた牌楼（門）。それまで中華街は「南京町」と呼ばれていたが、この門に「中華街」と記されたことによって名称が一般化した。また、建設当初は「牌楼門」の名だったが、89年のリニューアル時に平和を願い隣国や隣家と仲良くする〝親仁善隣〟という言葉から「善隣門」とされた。

第6話「誘惑」

バー「ノーザン・ライト」のオーナー・永井（新冨重夫）が殺された。ユージとナカさんは店長の緑（風祭ゆき）へ訊き込みを行う。「ノーザン・ライト」は善隣門側にあったが、すでに閉店している。

第48話「無謀」

駐車中の車に爆弾を仕掛けたという、青年・真木（水谷敦）が港署に現れた。実際に爆発が起き、次は3時と6時にセットしたと告げる。捜査課メンバーは、真木の指示に従って爆弾のある中華街へ急行した。ドラマでは、リニューアル前の善隣門を見ることができる。

第31話「不覚」

真紀（椎名梢）という女に、拳銃を盗まれたトオル。偶然にも真紀と出くわすが、バイクに乗った西山（山田辰夫）に連れ去られてしまう。トオルは中華街にある西山のヤサに向かう。

第18話「興奮」

タカに、「とっちゃんボーヤ」と馬鹿にされた野沢（貞永敏）は、銀行支店長の娘・高橋由美（渡辺祐子）を誘拐。復讐のため、タカに街中を走り回らせる。善隣門も行き先のひとつだった。

第45話「謹慎」

パトロール中の車の前に慶子（中村あずさ）という女が飛び出してきた。車に保護するが、怪しい車に尾行される。事件への関与を睨んだタカとトオルは、中華街で逆に怪しい車を尾行する。

深紅のバージンロードと、250 年以上の歴史ある大聖堂

中華街に隣接し、元町・関内・馬車道から徒歩圏内に位置する結婚式場。横浜最大級の規模を誇る「ヴェルサイユ」をはじめとした大小 12 の宴会場を備え、結婚式場ならではのきめの細かいサービスが行き届いていると評判だ。結婚式やパーティだけでなく、講演会や各種セミナーなど多目的に利用されている。

第33話「生還」

横浜の大実業家、『徳大寺コーポレーション』社長の徳大寺康弘（長谷川明男）は、裏ではシャブの売買を行っていた。「ロイヤルホールヨコハマ」を訪れた徳大寺にタカが迫る。正面ロビーでの撮影時には、階段に赤いカーペットが敷かれていた。下の写真は、エレベーター前。今も壁紙以外は当時のままだ。

第37話「暴発」

誘拐を計画する首謀者が『サルーワプロダクト』社長・工藤（江角英明）であると睨んだタカとユージ。2 人は社員を誘拐して脅しをかける。だが、捜査員たちから追われる羽目になり、「ロイヤルホールヨコハマ」の地下駐車場に隠れることに。

第29話「追撃」

カオルが少年院に送った少女・森山理沙（菊地優子）が出所した。そんな彼女の仲間が 1 人ずつ殺されていく。犯人は横羽組の戸村と考えた理沙は、シャブを仕入れて帰る戸村を「ロイヤルホールヨコハマ」の地下駐車場で襲い、シャブを奪う。

横浜中華街の西側にあり 本格的な中華料理店の別館

中華街の西側に位置する地久門。その隣には、ドラマにも登場する重慶飯店 別館があった。重厚なエントランスと白壁が印象的で、本場中国を思わせるインテリアは、まるで映画のセットのようだった。別館は、「横浜中華学院」のテナントとして1969年に開業。2018年に閉店し、近くにある本館へ集約された。

麻薬Gメンの極秘リストを強奪した『港栄海運』を内偵するため、暴力団組員・ヤッパの政に変装するユージ。『港栄海運』の社員と食事をしたのが、重慶飯店 別館だった。

第34話「変身」

ユージの元に、捜査状況を確認しに現れたタカ。『港栄海運』社員がチンピラにカラまれていたが、ユージはヤッパの政になりきってチンピラを追い払い、社員たちから信頼を置かれることに。ドラマでは店外だけでなく、店内も登場する。

横浜中央病院

住 神奈川県横浜市中区山下町 268　☎ 045-641-1921

独立行政法人が運営する、地域に根付いた総合病院

1948 年に開設された地域医療支援病院。独立行政法人地域医療機能推進機構（JCHO）が運営する病院のひとつでもある。診療科は 29 あり、救急患者の受け入れや夜間の外来にも対応している。横浜の急性期医療を支えているといっても過言ではないだろう。

第17話「不信」

少年・昌平（斉藤良）と叔母の典子（阿弥陽子）は、殺人現場を目撃したために命を狙われることに。昌平が車に轢かれそうになり、それを庇った典子は撥ねられてしまう。一報を受けたユージは、「横浜中央病院」へと急行した。

第22話「動揺」

花岡登（立川光貴）という男に轢き逃げをさせて、ヒモである男に 7000 万円の保険金をかけて殺害した菅沼和江（中島はるみ）。その金を持ったまま消えた和江に迫る花岡は、まずバイクに乗った息子を撃った。軽傷だったが、この病院へ運ばれた。

第36話「疑惑」

刑事昇進に燃える警ら課の新田巡査（福田健次）と九条巡査（深谷優隆）は、ある事件の捜査に参加。しかし、九条が犯人らしき男に撃たれて「横浜中央病院」に搬送される。タカとユージが急行して事情を訊くが、九条の様子はおかしかった。

㊟神奈川県横浜市中区山下町

横浜の地に根付く「中華街の台所」的存在

開港道から北京小道を抜けて、中華街大通りを横断、「同發」本館から先が市場通りと呼ばれる。1921年頃から中華料理店と、住民向けの精肉店や鮮魚店、青果店、えび専門店、豆腐専門店、卵専門店、乾物店などが出店。午前中に賑わっていたため〝朝市通り〟と呼ばれ、65年頃から観光地となった。

第31話「不覚」

トオルの拳銃が盗まれた。西山（山田辰夫）が主犯だと判明し、トオルは西山のヤサがある市場通りへと向かう。後ろに映っている「四五六菜館」は、改装しているが現在もこの地で営業中。

第51話「悪夢」

港署に「殺されそうだ」という通報が入った。通報のあった電話ボックスに行くよう指示を受けるタカとユージだったが、強盗追跡中で動けず。代わりにパパとナカさんが向かうと山中（阿川藤太）という男が殺されていた。タカとユージは市場通りから入った路地で犯人を逮捕する。

第12話「衝動」

未成年者に覚醒剤を売りつけた男・富岡（椎谷建治）に拳銃を売った、ハジキのジョー（深見博）をユージが叩く。ユージが立っているのは一般宅の前。ちなみに第39話でも、鈴江が同じ場所に立った。ここは、通り抜け禁止だ。

第39話「迷走」

宝石店強盗に使われた拳銃の出所を掴むため、タカと鈴江は香港路にある、中華料理店『謝謝』店主で実は拳銃ブローカーの陳を叩く。陳は逃走するが、タカと鈴江が市場通りを入った路地で確保。

🏠 神奈川県横浜市中区山下町 79

中華街で最大となる東の玄関
青龍神を守護神とした青い門

朝日が中華街に差し込み、繁栄をもたらすという東の牌楼（門）。青龍神を守護神とし、高さ 13.5m、幅 12m で中華街の牌楼では最大。2003 年に完成した。中華街の道路は周囲と 45 度をなし、牌楼は道標の役割を果たしている。みなとみらい線「元町・中華街駅」からは、朝陽門をくぐって中華街へ入ることに。

Ⓜ 第12話「突破」

3 人組の銀行強盗を逮捕するが、「1 時間以内に釈放しなければ水道に青酸カリを流す」と、港署へ脅迫電話が入る。犯人グループを一網打尽にするため、3 人を釈放。犯人の一人、赤木（安藤一夫）は、朝陽門を抜け中華街へと向かった。

第45話「謹慎」

現金輸送車襲撃に関与する女・慶子（中村あずさ）を確保するが、完全黙秘されたために泳がせることに。港署を出た慶子は、タクシーに乗り朝陽門を過ぎた辺りで降車。タカはこれを尾行する。上写真は門側の山下町交番付近。

Ⓜ 第19話「役得」

給料日の翌日に腹一杯、昼食を取るタカとユージ。店を出た直後に、仙台の刑務所から脱獄した島田（田嶋基吉）と遭遇。すぐに追跡するが、食後で身体が重くて走れずに逃げられてしまう。冒頭、中華街の象徴としてタイトルバックに登場。

華正樓

🏠 神奈川県横浜市中区山下町 186　☎ 045-681-7777（本店）

中華街が南京町と呼ばれる前から営業を続ける老舗の中国料理店

1939 年創業の中国料理店。朝陽門をくぐり開港道から中華街大通りを経て上海路に入ったすぐのところにあり、中華街の玄関的役割を果たす。「上海料理」「北京料理」を提供。舘ひろし主催で現場の食事会に使用されたことも。

第42話「恐怖」

連続殺人事件の犯人・豹藤彰（団時朗）。昔の仲間の薄井正樹（井上高志）の依頼で、滝川組構成員の渡辺を狙いに「華正樓」本店へと現れる。知らせを受けたタカとユージが現場に駆けつけた。写真は正面入り口で、左下の写真は裏の勝手口。どちらも撮影当時と変わらぬまま現在も残っている。

第10話「激突」

銀星会会長の息子・長尾彰（星正人）が、肩が触れたというだけの理由で酔っ払いを射殺する。組員に罪を被せようとするが、タカは彰が怪しいと睨む。彰が父親の礼次郎（深江章喜）と「華正樓」で会うと知り現場に向かうタカだった。

第27話「魔性」

冒頭、「華正樓」新館でカオルにご馳走しているタカとユージ。借金返済の延期を頼むためだった。新館は中華街大通りと上海路の交差点を挟んだ本店のはす向かいにあり、本店よりややリーズナブルなメニューを楽しめる。

Ⓜ 第17話「乱心」

FBIアカデミーで麻薬捜査を学んだ神崎（一色彩子）が港署にやってきた。圧倒的な経験値から彼女のピンチを救い事件を解決するタカとユージだったが、手柄は神崎に。花を持たせたお礼に神崎に「華正樓」で食事を奢らせる。

新光映画劇場 （現「同發売店」）

🏠 神奈川県横浜市中区山下町 164　☎ 045-681-8808

第29話「追撃」

カオルが3年前に少年院に送った少女・理沙（菊地優子）が出所の日を迎えた。カオルはユージを連れて理沙を迎えに行くが、ユージは「南京町で食事でもどう？」と理沙を誘うのだった。写真は「同發」別館。

中華街唯一だった映画館
現在は中華菓子、点心売店に

「華正樓」新館の隣にあった、中華街唯一の映画館「新光映画劇場」。現在は、同發売店として 2024 年 4 月 8 日にリニューアルオープン。

⊕神奈川県横浜市中区山下町 136-11

商売の神様を祀る
通りを象徴する門

中華街のメイン通りである、中華街大通りと並行する関帝廟通りの東端、南門シルクロードに面して建つ牌楼（門）。その名前は天の永遠（とこしえ）を意味し、関帝廟通り西端に建つ地久門付近にある「横浜関帝廟」への参拝者も多い。また、中華街大通りは大飯店が多いが、こちらは昔ながらの個人商店が多い。

第5話「襲撃」

タカは、カオルを使いヤクの取引を押さえようとするが空振りに終わった。その夜、宝石店『石塚商会』で強盗事件が発生。ユージはその手口から、以前逮捕した中沢（野仲功）の仕業と睨む。

🅼 第19話「役得」

天長門前、南門シルクロードで、仙台の刑務所から脱獄した島田（田嶋基吉）を見つけたタカとユージ。昼食をしこたま食べたばかりの2人は、腹ごなしにと追跡するが、満腹のため思うように走れない。シルクロード終点の前田橋付近まで追うが逃げられてしまった。

第48話「無謀」

中華街に爆弾を仕掛けられたことが判明し、捜査課メンバーは現地に向かう。南門シルクロードのアジア日用雑貨店『チャイハネ』で、「歌えば爆弾の在処のヒントを教える」との犯人からの連絡を受けるユージ。写真の建物は現存。

第37話「暴発」

ハジキの密輸のため、誘拐を計画する『サルーワプロダクト』社長・工藤（江角英明）。過去に拳銃密輸で逮捕歴のある工藤が関与していると睨んだ港署メンバーは、天長門側の事務所を張り込む。

🏠神奈川県横浜市中区山下町

朱雀門の目の前にあって 入り口のアメリカ国旗が印象的

横浜港に程近く、外国人居住者も多く利用したバー。異国情緒が漂う店内では、店名どおりにアメリカンテイストのフードやドリンクが楽しめた。現在は閉店し、ビル自体も建て替えられている。ちなみに、第1話でカオルがタカとユージを「あ・ぶ・な・い・刑・事」と呼ぶシーンはこの店の前だ。

第51話「悪夢」

港署に「殺されそうだ」との通報あり。通報を受けたタカ＆ユージは別件で動けず、代わりにパパとナカさんが現場へ向かう。そこには山中（阿川藤太）という男の死体が……。その後、「AMERICAN HOUSE」で有力な情報をゲットする。

第1話「暴走」

デート喫茶パピオンのオーナー・堂本（井上博一）が何者かに殺された。タカとユージは、「AMERICAN HOUSE」で呑んでいたパピオンの従業員へ聞き込みをする。「AMERICAN HOUSE」はすでに閉店している。

📍神奈川県横浜市中区山下町124

中華街の元町・山手側に位置する赤い門柱の南門

横浜中華街に大小10基ある、門のひとつ。朱雀は、中国に伝わる南方を守護する神獣。世の中のすべては5種類の元素で出来ているとする五行説では、南の色が赤（朱）とされるため、南を護っているのが朱雀門となる。また、朱雀は邪を焼き尽くす炎をまとっていることから、厄災を祓い、福を招くという。

1987

第1話「暴走」

デート喫茶『パピオン』のマスターが殺された。タカとユージは従業員に聞き込みを開始した。場所は写真の朱雀門横にある雑居ビルの「ポートヴィラ元町 YOKOHAMA」。

1986

2024

第37話「暴発」

誘拐を計画する首謀者が、『サルーワ プロダクト』社長・工藤（江角英明）であると睨んだタカとユージ。確信を得た2人は工藤の逮捕に向かうが、逃走されて朱雀門付近まで追跡することに。

第44話「苦杯」

港署に「誰かを殺しそうだから逮捕してくれ」と岩木（佐藤信一）がやって来た。カオルは追い返してしまうが、実際に銀星会幹部が殺され、犯人は岩木だった。次の犯行を防ぐため、カオルは現場となった美容室に張り込む。現在、美容室はなくなっているが建物は健在だ。

Ⓜ第3話「閉口」

輸送車襲撃事件が発生し、犯人らしき2人が美容室に立て籠もっていると判明。ユージは寿司屋の出前持ちに変装して潜り込む。第44話と同じ、建物の2階にある美容室で撮影された。

1988

Ⓜ第15話「不惑」

銀行強盗の人質となった女性・牧野恵（網浜直子）。タカとユージが報道カメラマンとレポーターに変装して救出しようとするも事故死。報道陣からの質問攻めに遭うが無言で走り去った。

横浜散策コースとしても知られる中華街と元町をつなぐ架け橋

山下町の外国人居留民を保護するために作られた堀と、現在の元町・山手地区とを結ぶ橋として、横浜開港の翌1860年に設置。1890年に鉄橋化された。中華街と元町の往来に使用する人が多く、横浜散策コースの一部となっている。元町から前田橋を抜けると朱雀門があり、中華街へと案内してくれているようだ。

🅼 第14話「切札」

カオルと行動を共にする少女・アリス（渡辺リカ）が持っている、1億円のエメラルドを殺し屋・工藤（立川光貴）が追っていた。カオルとアリスに工藤の魔の手が伸びる。「前田橋」にいたタカは連絡を受け、バイクで現場へと急ぐ。

第37話「暴発」

誘拐を計画する首謀者が、『サルーワ プロダクト』社長・工藤（江角英明）であると睨んだタカとユージ。工藤を逮捕しに向かうが逃走され、南門シルクロードから朱雀門付近まで追跡し、「前田橋」に向かう工藤に発砲した。

第31話「不覚」

トオルがディスコで女に拳銃をすられた。その事実をタカとユージに悟られ、3人でディスコに向かうが、手掛かりは得られなかった。しかし、帰る途中に「前田橋」で拳銃をすった女・真紀（椎名梢）に遭遇。トオルは追うが、取り逃がしてしまう。

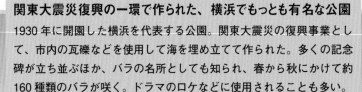

関東大震災復興の一環で作られた、横浜でもっとも有名な公園

1930年に開園した横浜を代表する公園。関東大震災の復興事業として、市内の瓦礫などを使用して海を埋め立てて作られた。多くの記念碑が立ち並ぶほか、バラの名所としても知られ、春から秋にかけて約160種類のバラが咲く。ドラマのロケなどに使用されることも多い。

2024

山下公園は、記念碑や歌碑なども多い。左から「インド水塔」（横浜市認定歴史的建造物）、「赤い靴はいてた女の子像」（「赤い靴」の歌碑もある。）、サンディエゴ市から寄贈された「水の守護神」。

2024

第17話「不信」

1987

氷川丸で殺人事件が発生。タカとユージは現場に向かうが手掛かりは得られず。だが、昌平（斉藤良）少年が事件を目撃していた。

第18話「興奮」

1987

タカは何気ない一言から、野沢（貞永敏）という男の恨みを買う。野沢は復讐のため、タカに身代金を「水の守護神」へ運ばせる。

第25話「受難」

ユージに殺人容疑がかけられ、タカに助けを求めるが……。写真は公園中央の見晴らし場。手すりなどは撮影時のまま。

第45話「謹慎」

慶子（中村あずさ）は恋人に現金輸送車を襲撃させ、別の男と逃げようと画策。撮影時とその風景は変わっていない。

第22話「動揺」

事件の鍵を握る女を追い、山下公園を後にするタカとユージ。写真は中央口前。右手には「ホテルニューグランド」が建っている。

第20話「奪還」

元銀星会の若頭・尾崎の妻・奈津子（赤座美代子）は、あるきっかけでユージに協力するように。海沿いは、今も撮影時と変わらない。

M 第22話「暴露」

麻薬中毒者が山下公園で暴れ、谷村刑事が腕力でこれを制圧。写真は氷川丸前の「未来のバラ園」。写っている石台は現存しない。

MAP ⑲ 日本郵船 氷川丸

住 神奈川県横浜市中区山下町山下公園地先　☎045-641-4362
営10:00〜17:00　休月

山下公園岸壁に係留されている
太平洋戦争後も現存する貨客船

日本郵船によって、1930年に竣工。11年3ヵ月にわたって、貨客船として活躍した。そして、61年に山下公園岸壁に係留保存され観光船として開業。2016年に戦前に建造された貨客船で国の重要文化財に指定されている。一般300円で入場が可能だ。

🅼 第17話「乱心」

FBIアカデミーで麻薬捜査を学んだ神崎（一色彩子）が、港署にやって来た。捜査に当たるが足手まといな行動ばかり……。かつての「氷川丸」にはレストランもあったため、「restaurant Harbor Vue」の看板がある。

第17話「不信」

「氷川丸」に乗船中の少年・昌平（斉藤良）と、叔母の典子（阿弥陽子）。船内を探索していた昌平は殺人現場を目撃してしまう。甲板へ上がる階段は今も当時のまま。写真右下の乗船見学入り口から、チャップリンも乗船したという。

🅼 第13話「代償」

タカとユージは、「港の見える丘公園」で知り合った圭子（相築彰子）と「日本郵船氷川丸」へ。どちらとデートしてくれるのかと迫るが、ユージの場違いな言動で小競り合いに発展する。「日本郵船氷川丸」が係留保存されている場所は、今も変わらない。

360 度見渡せるパノラマビュー 横浜を象徴するランドマーク

横浜で最も知られるスポット。タワーは高さ 106m、1 万 2000t。展望フロアなどを訪れる観光客が多い。かつては灯台として機能（2008 年 9 月 1 日に廃止）し、世界で最も高い灯台としてギネスにも登録された。11 年には開業 50 周年を迎え、その後は休業を繰り返し、22 年 9 月にリニューアルオープン。

Ⅿ 第9話「乱脈」

カオルが拳銃を奪われた。犯人の遠山（佐久間哲）は、その拳銃を使い、劇薬を手に入れてバラまいた。さらに「マリンタワー」で待つと、タカとユージに勝負を挑む。ここは、かつて裏手 1 階にあったレストラン「Belle Vue」。

第13話「追跡」

2 人組の強盗に信用金庫が襲われた。犯人は庄司（後藤明）と稲垣（片桐竜次）と判明。2 人は金を山分けするため、「マリンタワー」で落ち合おうとするが、尾行していたトオルに気づき撃ち合いとなる。舞台はエントランスだ。

第19話「潜入」

銀行強盗・森岡（伊藤敏八）の女・悦子（一色彩子）が勤める店に潜入するトオル。怪しい男たちから悦子を助けたことをきっかけに、ボディガードをしてくれと頼まれる。タワーのリニューアルに伴って、このレストランも今はない。

㊏神奈川県横浜市中区山下町

車の往来が激しい
横浜の主要都市をつなぐ大きな交差点

山下ふ頭、本牧ふ頭、山下公園、本牧をつなぐ交差点。横浜を車で走る際には必ずと言っていいほど利用されるため、普段から車の往来が激しい。また、港が近いことから、積み荷を運ぶコンテナ車やダンプカーといった大型車も目立つ。交差点に架かる現在の山下橋は、1961年に新たに作られたもの。

第7話「標的」

港署に女性警官殺害予告のビデオが届いた。ユージたちは交通整理をする標的の女性警官を発見するが、目の前で狙撃されてしまう。知らせを聞いたタカとパパは、新山下方面から山下橋交差点を通過して、女性警官の運ばれた病院へと急行する。

第41話「仰天」

ユージとトオルは暴力の現行犯で前島（木場勝己）を逮捕した。しかし、前島は銀行襲撃を企む一味だった。その後、前島の仲間が彼を殺そうと港署を襲撃。身の危険を感じた前島は警察に協力し、爆弾を仕掛けたと告白する。タカとユージは交差点を通過し、爆弾のある現場に急行する。

惜しくも営業が終了した、横浜を代表するホテルのひとつ

1984年に開業したホテル。2020年6月に宿泊営業を終了。2階にはサザンオールスターズの名曲「LOVE AFFAIR〜秘密のデート〜」に登場する「ブルーライトバー」が入居していたが、ホテル営業終了に伴い35年の歴史に幕を閉じた。跡地には、24年の完成予定で「ザ・ゲートホテル横浜 by HULIOC」が建設中だ。

第51話「悪夢」

「殺されそうだから助けてほしい」と港署に通報があった。通報してきた山中（阿川藤太）は刺殺され、程なくして犯人をタカとユージが捕まえたが、今度は2人が命を狙われることに。ロケ地は、かつてはホテル屋上にあったビアガーデン。向かいにあるライオンズプラザ山下公園屋上から、ユージは狙撃された。

第32話「迷路」

知佳子（岩間沙織）という女性が誘拐された。同じ頃、拳銃強盗が発生し、大学生の深見（安藤一夫）が、誘拐と強盗に絡んでいると判明する。じつは深見と知佳子は共犯だった。しかし、弱気になった知佳子を見た深見は彼女と心中しようとする。

M 第4話「奇策」

港署に女の声で「男が覚醒剤を持っている」とタレこみが入り、根本（平野恒雄）が逮捕された。タレこんだ女・美紀（高山典子）にも何かあると踏んだタカは美紀に近づき、真実を暴こうとする。タカとユージの会話シーンは、屋上で撮影された。

産業と貿易の拠点として、コミケも行われた多目的なビル

1975年に開館したテナントビル。横浜商工会議所やパスポートセンターなどに加え、飲食店や小売店が入居している。横浜市工業会連合会が運営するコンベンションホール「横浜産貿ホール マリネリア」があり、イベントや展示会などが行われる。また、93年まではFMヨコハマも本ビルにあった。

第26話「予感」

ホステス殺しの容疑者・加藤誠（高品剛）。ユージはカオルを囮に使い、加藤に襲わせるよう仕向ける。罠にかかった加藤は、「産業貿易センタービル」隣りのシルクセンタービル立体駐車場への通路でカオルを襲うが、ユージが救出する。

第3話「挑発」

警察の目の前で狙撃が行われる事件が発生。犯人はモデルガンを改造して連続殺人を犯す脇坂（阿部雅彦）という男だった。事件を追うタカとユージのシーンでは、当時の「産業貿易センタービル」付近の様子を見ることができる。

第32話「迷路」

拾った銃で殺人を犯した深見浩一（安藤一夫）。知佳子（岩間沙織）に好意を寄せていた深見はタカとユージに知佳子を「産業貿易センタービル」にある「Café de la Paix」に連れて来いと言う。深見が電話をしたのは、建物前の電話ボックスだ。

㊟ 神奈川県横浜市中区山下町2　産業貿易センター 2F　☎045-671-7150

山下公園近くに位置する産業貿易センター内のレストラン

1974年に創業した、オシャレなカフェレストラン。特徴的な外階段を上った2階に店舗があり、店内からは山下公園や海が見渡せるなど、横浜の良さが感じられる絶景スポットでもある。
デートはもちろん、結婚式の二次会といった各種パーティでも多く利用されている。

第26話「予感」

ホステス殺しの容疑者・加藤誠（高品剛）を逮捕すべく、カオルに囮捜査を頼むユージ。カオルは加藤をおびき寄せるため、「Café de la Paix」横の道を歩く。そこへ加藤が現れ……。

第3話「挑発」

同僚の麗子（吉宮君子）に思いを寄せる脇坂（阿部雅彦）は、改造モデルガンで連続殺人事件を引き起こす。そして脇坂は、麗子までも手にかけようとする。彼を追ってタカとユージは「Café de la Paix」横を走り抜ける。通りの雰囲気は撮影当時のままだ。

第32話「迷路」

拾った銃で殺人を犯した深見浩一（安藤一夫）。深見は、好意を寄せていた知佳子（岩間沙織）を連れて来いとタカとユージに要求する。店の外観は撮影時からほとんど変わっていない。

第40話「温情」

殺人を目撃したと思われる、記憶喪失の少女（山本理沙）。ヨーコと名付けて回復を待つが、彼女は命を狙われることに。ユージは、トオルにヨーコのガードを命じる。撮影時の店内がわかるシーン。

正式な名はなく、通称で呼ばれる山下公園の一本裏の通り

シルクセンターからフランス橋辺りまでの約800mを結ぶ通りの通称。明治初期に外国人居留民のための水道管が敷設されていたことから、「水町通り（Water Street）」と呼ばれるようになったと言われている。側道的な役割を果たしているために商店は少ないが、建っている店は老舗が多い印象だ。

第44話「苦杯」

「人を殺しそうだから逮捕してくれ」と、港署に大男・岩木（佐藤信一）が現れた。しかし、体よく追い返されてしまう。写真は水町通りの伊料理店「ローマステーション」（☎045-681-1818）。外観は変わったが、現在も営業中。

第20話「奪還」

銀星会が九州から運んできた覚醒剤が尾崎という男によって奪われた。妻の三村奈津子（赤座美代子）をタカとユージは訪ねるが、彼女は過去に尾崎がマル暴の刑事に裏切られたことから刑事をひどく恨んでいた。下の写真は、奈津子の経営する輸入雑貨店「ONE/HALF」。現在は建物も変わってしまっている。

横浜地方合同庁舎

現在はみなとみらい21地区へ移転
国の出先機関が入った合同庁舎

国土交通省関東地方整備局横浜国道事務所、防衛省南関東防衛局調達部装備課、横浜中税務署などの行政の補助機関が入っていた合同庁舎。現在、横浜赤レンガ倉庫近くのみなとみらい21地区 新港地区9街区へと移転。国土交通省ほかの15官署が入居する「よこはま新港合同庁舎」として運営中だ。

第18話「興奮」

銀行支店長の娘・由美（渡辺祐子）が誘拐される。しかし、それは由美と明夫（松下一矢）が共謀した偽装だった。カオルと鈴江は由美の行方を探す。写真は『ホテルメルパルク』（2023年閉館）の裏側。フランス橋最端の階段も含め撮影時と変わらない。

第21話「決着」

銀星会幹部の倉橋（内田勝正）に恨みを持つ、フィリピン人女性のマリア（佐々木美須加）。マリアは倉橋に騙され殺害された夫の復讐をしようと画策していた。マリアに同情したカオルは、熱心に殺人事件の捜査を進める。手前の看板は変わっているが、外観・内装ともに当時のおもかげが残っている。

TV 第1シリーズで人気の高い エピソードが撮られた立入禁止の屋上

横浜マリンタワーの裏手の水町通り沿いにある神奈川県横浜合同庁舎。人事委員会事務局などが入居している。神奈川県庁の本庁舎は日本大通り駅前にあるが、この横浜合同庁舎は、そこから少し離れた場所にある。現在は、みなとみらい線の元町・中華街駅から行くことができる。

恩田の娘を救出し、タカを止めに来たユージ。だが、タカは制止を振り切る──。ユージはタカに鉄拳をくらわし、大事には至らずに済んだ。ユージ「ハマの風が傷にしみる」、タカ「俺の方がもっとしみるぜ」TV 第1シリーズ屈指の名シーンとなった。

第50話「狙撃」

ロケに使われた神奈川県横浜合同庁舎の屋上は、一般の人の立ち入り禁止。また、銀星会本部の舞台となった社会保険診療報酬支払基金神奈川審査委員会事務局の建物は、ドラマどおりすぐそばに位置している。

恩田（飯田浩幾）という殺し屋が、娘の命と引き換えに銀星会会長の長尾（室田日出男）暗殺を強要されていた。しかし、恩田は車にはねられ死んでしまう。タカは恩田の娘を守るため、代わりに長尾を暗殺しようとする。

㈏ 神奈川県横浜市中区山下町

本町通りと水町通りに沿った横浜海岸教会前の通り

横浜海岸教会を起点とし、元町まで続く通り。本町通りと水町通りに挟まれているため、両通りに建つビルの裏手が通りに面している。紹介した以外にも、第31話「不覚」（写真右）では興龍会から命を受けた西山（山田辰夫）が、銀星会の早見（平泉成）の命を狙いに来るマンションが。

Ｍ 第10話「悪戯」

篠田組に発煙筒が投げ込まれ、殴り込みと勘違いして発砲した組員・松本（中山俊司）が逮捕される。松本の証言により、銃の出所である村田のヤサに向かうタカとユージの前に少年たちが現れる。右写真は「ローズホテル横浜」を背にして海岸教会通りと交差した場所。

㈏ 神奈川県横浜市中区山下町 37-8

今の高級マンションとは違いかつてこの地に建っていた賃貸ビル

現在建っているマンションは2005年に完成したものだが、この地に以前建っていたビルがロケ地となっていた。このビルは紹介した以外にも、第37話「暴発」に『斎藤不動産』として登場している。ちなみに、現在建っているマンションは、22階建ての高級物件だ。

第31話「不覚」

トオルがディスコで女に拳銃を盗まれた。指示役はかつてトオルにパクられた西山（山田辰夫）で、銀星会の早見（平泉成）の命を取るためだった。そして西山に指示をしたのは、興龍会の幹部・井上（堀田真三）であった。この建物は、『興龍会本部』として登場していた。

🏠神奈川県横浜市中区山手町

撮影当時と変わらぬ佇まい
住宅街にある長い歩道橋

「あぶデカ」での登場回数は少ないものの、印象的なシーンでファンの記憶に残るフランス橋。TV第1作の放送開始2年前に完成したフランス橋は、全長140mの長い歩道橋で、山下公園と人形の家を結ぶポーリン橋に連結している。緩やかにカーブするラインが特徴的である。

第4話「逆転」

ガス欠の覆面パトカーに突然、少女・美由紀（河合美智子）が飛び降りてきた。ユージは去ろうとする美由紀を追い、2人でフランス橋を歩く。

第33話「生還」

港の見える丘公園から山下公園方面にフランス橋を歩くと、この高速下を通ることになる。堀川の頭上に架かるこの地点から谷戸橋、前田橋など川に架かる橋々が連なる様子を望むことができる。

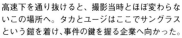

高速下を通り抜けると、撮影当時とほぼ変わらないこの場所へ。タカとユージはここでサングラスという鎧を着け、事件の鍵を握る企業へ向かった。

第50話「狙撃」

少女の命と引き換えにタカを暗殺しろと犯人からの指令が！ 偽装によりタカを殺したと見せかける作戦が提案され、フランス橋の上で実行された。手すりや石畳の模様まで放送当時と同じ形で今も残っている。

Ⓜ 第14話「切札」

佐久間（浅見小四郎）という男が少女・アリス（渡辺リカ）からぬいぐるみを奪おうとしていたのを目撃、それを追い払うカオル。そして、カオルと少女はフランス橋へ──。左の写真辺りは二股になっており、右へ向かうと港の見える丘公園の入口となっている。

MAP ㉚ テレビ神奈川旧社屋

第50話「狙撃」

⊕ 神奈川県横浜市中区山下町 37-8

フランス橋のすぐそばにあった 神奈川方面で受信可能な TV 放送局

テレビ神奈川本社は、2004 年 5 月 10 日に横浜メディア・ビジネスセンター内の現社屋へ移転してしまったため、現在は記念碑だけが建っている。テレビ神奈川は「TVK テレビ」という愛称を主に使用していたが、移転後には「tvk」と呼ばれるように。

フランス橋に立つタカを狙撃しようとするユージ。この日は風が強く「ハマの風を計算に入れて」と、わざと照準を外して撃つがタカの心臓を撃ち抜いてしまう。

劇中に何度も登場したオフィスビル

日本大通り駅のすぐ近く、元町・中華街からもほど近い貸しオフィスビル。全体がアルミパネルで構成されたビルで、エントランスもオシャレに設計されている。劇中ではテナントビルに姿を変え、度々登場。花壇が設置された正面の階段脇は、銃撃戦など印象的な場面に使われた。敷地内への立ち入りは原則禁止となっている。

Ⓜ 第23話「心痛」

『ミリオン不動産』の社長・池上（森次晃嗣）が何者かにライフルで狙撃され、助けに入った運転手が撃たれて負傷する。『ウルトラセブン』のモロボシ・ダン役、森次の登場回。冒頭シーンの銃撃戦は、この玄関先で撮影が行われた。

Ⓜ 第10話「悪戯」

銀星会系篠田組に発煙筒が投げ込まれる事件が起きるが、それは子どもの悪戯と推測された──。篠田組幹部として『ウルトラマン』のハヤタ隊員役、黒部進が出演。本ビルは、事件の鍵となる中学生の通う『英倫学習塾』という設定で登場。

Ⓜ 第16話「異変」

予備校の職員・若林（大場健司）が鍵を握る、医師国家試験の入試問題漏洩にまつわるストーリー。本ビルは『東海ゼミナール』という予備校として登場。ロケでは基本的にビルの外観と玄関先が使われているが、当時とほぼ変わっていない。

戦時中から横浜を見守り続けた 1999 年に閉業の"海岸通りホテル"

かつて「港の見える丘公園」に隣接していたホテル。29 年の創業時には山下ふ頭もなく、ホテルからは横浜港がよく見えたという。また、このホテルが舞台とされる曲も多く、「別れのブルース」や「よこはま・たそがれ」などがある。現在跡地には、「MEGA ドン・キホーテ港山下総本店」がある。

第35話「錯覚」

タカとユージの目の前で、連続宝石強盗事件の容疑者・中塚（白井達始）が殺された。中塚の所持品から修（樋浦勉）という男が浮上。彼が推す歌手・ひろみ（余貴美子）をユージが張っていると、修が現れた。ユージは「バンドホテル」へ向かう修を追う。

第12話「衝動」

歌手志望で横浜に来た少女・道子（藤本恭子）がクスリ漬けにされたあげく殺された。捜査線上に未成年者相手に覚醒剤を売りつけている富岡（椎谷建治）と赤松（木下秀樹）が浮かぶ。その富岡が泊まっていたのが「バンドホテル」だ。

Ｍ 第6話「波乱」

３年前に銀行を襲い、逃走中に右手の甲をタカに撃たれて強い恨みを持つ男・鹿島幸雄（関川慎二）が、タカを襲う。鹿島の潜伏先である「バンドホテル」で、捜査課メンバーとの激しい銃撃戦が展開する。写真は、ホテル内のエレベーター前。

Y.C.C.（横浜クルージングクラブ）

住 神奈川県横浜市中区新山下 3-6-19　☎ 045-624-2610

1977 年に発足した
会員制クルージングクラブ

石原裕次郎も愛したというヨットハーバーに隣接した会員制のクルージングクラブ。ベイブリッジを真近に眺められるハーバービューレストランを併設。タカとユージ行きつけのレストランとして何度も撮影に使われた。各種イベントも行われているほか、安全講習会、親睦会なども積極的に行っている。

第11話「奇襲」

『仮面ライダーＶ３』をはじめとする特撮ヒーローで知られる宮内洋が犯人である鳴海を演じた回。クライマックスではタカと対決し、「Y.C.C.」付近の堤防で激しい銃撃戦を繰り広げる。

Ｍ 第1話「多難」

40 個の爆弾を持つ宮崎（菅田俊）が逃走。それを追う港署の面々が霞橋で落ち合った後、タカとユージ、そしてトオルが、この「Y.C.C.」前を歩いた。ちなみに 2 人が持っている缶は当時、舘と柴田がそれぞれＣＭをしていたポカリスエットとポッカコーヒーである。お互いの商品を飲み「イケるねぇ」と一言。

第26話「予感」

ユージはホステス殺しの凶悪犯である貿易商・加藤（高品剛）を逮捕するため、カオルに囮捜査を依頼する。捜査は成功してカオルにモーニングを奢ったのが、このハーバービューレストランだ。

第31話「不覚」

拳銃を盗まれたトオルは、周囲にばれないようにモデルガンで取り繕っていた。そんな時、事件に遭遇。犯人を付近の堤防まで追い詰め拳銃で威嚇するが、発射されたのは BB 弾だった。

Ｍ 第17話「乱心」

FBI アカデミーから、神崎京子（一色彩子）が赴任。タカとユージとはそりが合わず、トオルと組むことに。そんな折、タカとユージは事件に絡む夕子（伊藤美由紀）をヨットの中に匿う。

横浜貯木場防波堤灯台

住 神奈川県横浜市中区新山下

山下ふ頭の防波堤灯台
TV第1シリーズのラストに登場

港に出入りする際に目印となる防波堤の先端にある、海上保安庁が管理する灯台。防波堤への立ち入りはできないが、新山下などから、その姿を眺めることが可能だ。

柴田恭兵と仲村トオル主演のドラマ「勝手にしやがれヘイ！ブラザー」のエンドロールでも登場した。

事件の鍵を握る山中一郎（阿川藤太）という男が刺殺された。しかし、その人物を知るものは誰もいない。そんな折、港署が奇襲され、死んだはずの山中が犯人であると断定される。

第51話「悪夢」

横浜貯木場防波堤灯台は印象的なロケ地ではあるが、ドラマではTV第1シリーズのラストシーンのみに登場。初めて犯人に絶命制裁を加えることを決心するタカとユージ。モーターボートで逃げる犯人に発砲し確実に着弾するのだが、目の前から幻のごとく消える……。

数々の賞に輝く、新山下運河に架かるトラス橋

トラスという三角形を基本単位とする構造の骨組みで作られた橋。明治期に架けられた橋梁を再利用して1929年に完成した江ヶ崎跨線橋は、「かながわの橋100選」「鉄の橋百選」「日本の近代土木遺産」に選定された。現在の「霞橋」は、江ヶ崎跨線橋の老朽化により、資源を再利用する形で2013年に架け替えられたもの。

第46話「脱出」

銀星会顧問弁護士・佐山（瀬木一将）が、銀星会組員の三上（倉崎青児）に射殺された。タカは幹部の高沢（山本昌平）の元へ行くが、三上は破門したと告げる。情報を聞き出すため、タカとユージは組員を締め上げて江崎跨線橋から下に落とした。

Ｍ 第1話「多難」

銀行強盗犯の1人、宮崎（菅田俊）が金を持ち去り、プラスチック爆弾を買って潜伏した。港署のメンバーは、この橋で捜査状況を交換し合った。撮影時の江崎跨線橋は、現在のように補強されておらず上部の鉄骨もなかった。

Ｍ 第22話「暴露」

覚醒剤密売組織の存在をつかんだトオルは、仲介屋に変装して潜入捜査を開始。早速、密売組織の田宮（重松収）に接触するが、怪しまれてしまい田宮と相棒の角脇（佐藤信一）から命を狙われることに。カーチェイス中に、江崎跨線橋を通過。

㊑神奈川県横浜市中区新山下1～3

老舗小売店が減り
大型チェーン店がたくさん

関東大震災直前、海を埋め立てて作られた新山下。完成後に、千葉県や山梨県から多くの人が移り住んできたという。古くからある小売店が軒を連ねたが、現在では車で買い物がしやすいドン・キホーテ、イエローハット、ヤマダデンキ、ニトリ、島忠ホームズといった大型量販店が増えた。

第14話「死闘」

ユージが消えた！ 捜査を進めるタカは、梶谷という逃がし屋にたどり着く。そして梶谷を泳がせ、カオルに後を追わせることに。ここは第46話と同じ「コクサイエアロマリン新山下倉庫」前。

第46話「脱出」

銀星会の顧問弁護士・佐山（瀬木一将）は、銀星会とつるんで地上げ屋の片棒をかついでいた。3ヵ月がかりで証拠をつかんだタカは、佐山の逮捕に向かうが……。写真は、弁護士事務所として使われた「コクサイエアロマリン新山下倉庫」。今も撮影当時と変わらず残っている。

M 第25話「一気」

ユージとトオルは、事件の鍵を握る女・美香（渡辺祐子）を追っていた。下の2枚の写真はファミリーマート新山下店の裏手。ドラマでは店内も映り、今も営業中だ。ちなみに、次のカットでは「Bar STARDUST」へと瞬間移動している。

第43話「脱線」

銃声がしたとの通報があり、向かったユージは犯人と撃ち合いになり被弾してしまう。ユージは犯人を逮捕すべく、『朝日倉庫』にトオルを呼ぶ。ここは、現在マンションになっている。

幕末から存在している、正式な名前のないエリア

「馬車道」は、幕末に横浜港が開かれ、その開港場側から吉田橋関門に至るまでの道のこと。「馬車道」とは通称で、正式な町名ではない。商店街には、1866年創業の日本初の洋品店「信濃屋」などがある。

横浜港に直結していた馬車道は、外国文化が一早く流入した。アイスクリーム（アイスクリン）、ガス灯、近代街路樹、日刊新聞、乗合馬車などが日本に初めて上陸した。

第9話「迎撃」

強盗犯の情婦・明美（江崎和代）を尾行し、「横浜東宝会館」へと陽動する。映画館「横浜東宝会館」は2001年に閉館した。

第27話「魔性」

ビルの屋上へ逃げた宝石強盗を追うタカとユージ。ここは馬車道と太田町通りの交差点にある商栄ビル。2016年に解体された。

Ⓜ第10話「悪戯」

銃の密売をしていた『株式会社曙商事』。ロケ地は馬車道CFビルで、タカとユージは斜向かいの横浜馬車道ビルで張り込んだ。

M 第1話「多難」

「もっと」第1話登場のほか、「もっと」第12、22話で襲撃に遭った『東和銀行』。常盤町通りと馬車道の交差点の間にあり、半円形のドアなど当時と変わらない。

M 第12話「突破」

ある理由で釈放せざるを得なくなった犯人を、ナカさんと吉田刑事が尾行する。ロケ地は「神奈川県立歴史博物館」。

第7話「標的」

カオルが過去に逮捕した犯人から狙われ、写真の商栄ビル屋上で決着をつける。ビルは第43話「脱線」にも登場。

第42話「恐怖」

殺人犯・豹藤（団時朗）のアジトがある商栄ビル。馬車道CFビルは、第4、12、45話、「もっと」第10話にも登場する。

M 第16話「異変」

ゴロー（岡本雄二朗）は、ヤクザから手に入れた拳銃をガンマニアに渡す。写真は彼のいるゲームセンターで、現在はコンビニに。

カオルが狙撃され、タカとユージは商店街の「信濃屋」から慌てて飛び出した。TVドラマ『プロハンター』のOPもここで撮影。

🏠 神奈川県横浜市中区住吉町

惜しまれつつ閉店した
ヨーロッパ風の喫茶店

横浜の代表的な通り、馬車道沿いにあった喫茶店。撮影当時からずっと変わらぬ装いで営業していたが、マスターが60歳になったのを機に、2014年に閉店してしまった。ヨーロッパ調の家具や調度品に囲まれた店内は、静かで落ち着いた雰囲気。常連客だけでなく、ひと休みに訪れた営業マンなど様々な客が訪れていた。

「WIEN」のタカとユージに、遠山から電話が入る。そして、今度はマリンタワー下のレストランへ行くように指示される。「WIEN」はドラマ本編でも実名のままで登場している。

M 第9話「乱脈」

未成年であることを盾に犯罪に興じる少年・遠山（佐久間哲）。青酸カリを薬局で強奪した彼は、タカとユージを「WIEN」へ呼び出す。飲み物に青酸カリを入れたとタカとユージは疑うが……。「もっと」第19話にも登場。その際は右下の写真のように外観がアップになった。

MAP㊴ Bar Bar Bar

㊟神奈川県横浜市中区尾上町 1-8 関内新井ビル B1-B　☎045-662-0493
（移転前㊟神奈川県横浜市中区相生町）

現在は別の場所で営業する
大人の雰囲気漂うライブレストラン

横浜市中区相生町にあった「Bar Bar Bar」は、2023 年に横浜市中区尾上町へと移転。現在はライブレストランとして営業している。また、「Bar Bar Bar」のあった関内駅周辺もロケ地として度々登場する。関内地区周辺は、横浜の都市機能を強化するために作られた「みなとみらい」に含まれる。

Ⓜ 第 2 話「攻防」

タカは高級コールガールの斡旋場であるモデルクラブ「ベルベット」の女社長・礼子（風祭ゆき）をマークしていた。しかし、その礼子が何者かに射殺される。情報を聞き出すため、タカは松村課長を「Bar Bar Bar」へと誘い出す。

第 26 話「予感」

囮捜査をするタカとユージ、そしてカオル。本話はいきなり「Bar Bar Bar」のカットから始まる。「Bar Bar Bar」のある建物は、日本テレビのドラマ『ネメシス』の探偵事務所としても使用されている。また、関内駅の地下鉄駅は、映画『交渉人 真下正義』などにも登場している。

住 神奈川県横浜市中区横浜公園

敷地内には横浜DeNAベイスターズの本拠地、横浜スタジアムがある

1876年2月に開園した、市内では山手公園に次いで2番目に古い西洋式公園で、日本人にも開放されたものとしては日本最古。春の横浜緋桜やチューリップが有名で、とくにチューリップは約70品種、約14万球が植えられている。公園の一角にある日本庭園「彼我庭園」も憩いの場として親しまれている。

第18話「興奮」

タカがサバイバル・ゲームをしていた野沢（貞永敏）をバカにしたために復讐される。誘拐事件を起こした野沢は、タカに身代金を持たせて走り回らせるが、横浜公園も受け渡し場所だった。

第50話「狙撃」

タカとユージが、タレコミ屋と「横浜公園」で待ち合わせをしていると何者かに狙撃される。狙われたのはタカだった。スナイパーは、ホテルサンセイ横浜店の屋上から狙撃した。ちなみに、タカとユージが座っているベンチは撮影用に持ち込まれたものだった。

第19話「潜入」

事件の鍵を握る女・悦子（一色彩子）。そんな悦子を田畑（鹿内孝）がつけ回していた。タカとパパは田畑を調べるため、彼の会社へ。劇中では曙町とされるのが、じつは「横浜公園」付近だ。

第37話「暴発」

カオルが「横浜スタジアム」付近を歩いていると、誘拐事件に遭遇。犯人はホッケーマスクを被った2人組で、車に乗った親子を連れ去った。近くにいたタカとユージが急行する。

Ⓜ 第2話「攻防」

ユージとトオルが銀星会幹部・野口（新海丈夫）と、密輸拳銃ブローカー・時田（江角英明）の取引情報をゲット。現場から逃げた時田をトオルが追跡し、「横浜公園」で逮捕した。

明治から昭和初期築の神奈川県の重要施設が並ぶ通り

1870年頃に、イギリスの土木技師リチャード・ブラントンによって作られた横浜のメインストリート。神奈川県庁や横浜開港資料館、横浜地方裁判所、旧三井物産横浜ビルといった、歴史的建造物が多く並ぶ。紅葉の季節には通り沿いに植えられたイチョウが色づき、訪れる人を楽しませている。

第16話「誤算」

タカはヤクザの常山（田中公行）からシャブを奪わなければいけなくなった。だが常山は、飛島興業の社長・森口（山下洵一郎）に売りさばこうとする。タカは日本大通りから『飛島興業』へ向かう。

第17話「不信」

殺人現場を目撃した少年・昌平（斉藤良）が、叔母の典子（阿弥陽子）と港署にやって来た。その後、昌平は命を狙われることに。車で轢かれそうになるが、それを庇った典子が代わりに撥ねられてしまう。事故の一報を受けたユージは、日本大通りを抜けて横浜中央病院へと急ぐ。

第41話「仰天」

ユージとトオルが暴力行為の現行犯で前島（木場勝己）を逮捕した。しかし、その男は銀行襲撃計画を企む一味だった。爆弾を仕掛けたという銀行に向かうためタカとユージはレパードで疾走した。

M 第2話「攻防」

銀星会幹部・野口（新海丈夫）と、密輸拳銃ブローカー・時田（江角英明）の売買が行われるというタレコミを入手。ユージとトオルは取引現場で張り込むことに。写真は旧三井物産横浜ビル前。

M 第25話「一気」

犯人の車のタイヤを撃って横転させるタカ！『もっとあぶない刑事』最終回でのタカとユージのラストは、日本大通りでのカーチェイスだった。後ろに映っているのは「横浜地方裁判所」だ。

開港広場前スクランブル交差点

住 神奈川県横浜市中区海岸通1

横浜の観光名所の一つ 大きなスクランブル交差点

「シルクセンター」「開港広場」「横浜貿易会館」を繋ぎ、大さん橋方面への玄関口的な役割を果たす。交差点脇「横浜貿易会館」1階のハンバーガーショップ「PENNY'S DINER」は、横浜 No.1 と言われるほどの有名店。古き良きアメリカの雰囲気を大切にした店内で、オールドアメリカンを体感できる。

第43話「脱線」

スリの常習犯・トメ吉（飯山弘章）が、信号待ちをしているサラリーマン風の男性を物色。慣れた手つきで後ろポケットに入っている長財布を盗むが、そこへユージが現れる。この回の冒頭、この交差点のシーンから始まる。

M 第2話「攻防」

銀星会幹部・野口（新海丈夫）と、拳銃ブローカー・時田（江角英明）の取引現場を押さえ、金を押収した。しかし、証拠不十分によって時田は釈放される。トオルは時田を尾行するが、署からの呼び出しに気を取られて見失ってしまう。

M 第6話「波乱」

現金輸送車を襲撃した鹿島（関川慎二）を追跡するタカだったが、逆に捕まってしまった。12時までに弟を釈放しなければタカを殺すと、鹿島は港署に要求。ユージたちはタカを探して奔走するが、交差点付近の時計がタイムリミットを告げた。

⌂神奈川県横浜市中区山下町1

日米和親条約締結の記念碑がある広場型の街区公園

1982年に開園。開港の泉と呼ばれる噴水を中心に、波模様の石舗装が美しく、大さん橋や山下公園を訪れる人々の憩いの場となっている。桜の木を有する、日本人のための最古のプロテスタント教会「横浜海岸教会」や、「横浜開港資料館」といった歴史的建造物も近隣に点在し、横浜の開港の歴史を感じられる公園だ。

第17話「不信」

押収したブツを横流ししていた麻薬取締官の八木沢（藤岡洋右）が殺された。タカとトオルはブツの流れを捜査するため、「開港広場」で靴磨きをする売人の元に向かった。足を洗ったと言い張る靴磨きだったが、逃走したためにトオルに捕まる。

第3話「挑発」

改造モデルガンで、複数の殺人事件を引き起こしたサラリーマン・脇坂（阿部雅彦）。これ以上の犯罪を止めると同時に、拳銃暴発の危険を避けるため、タカとユージは野本を追って「開港広場」を走り抜ける。

Ⓜ第5話「争奪」

ヘロインの密輸に『和光貿易』という一流企業が絡んでいると判明。タカとユージは、弁護士を恐喝していた男を使い、『和光貿易』重役の徳丸一三（八名信夫）に囮捜査を仕掛けるため、「開港広場」前の電話ボックスから電話をかけさせた。

㊌神奈川県横浜市中区日本大通1

国指定重要文化財に
指定されている神奈川県庁本庁舎

横浜税関本関庁舎（クイーン）、横浜市開港記念会館（ジャック）とともに、横浜三塔の一つとして、「キング」の愛称で親しまれている神奈川県庁本庁舎。『あぶない刑事』と同じ日本テレビで放送された横浜が舞台の刑事ドラマ『THE LAST COP／ラストコップ』では横浜中央警察署として使用されていた。

第7話「標的」

港署に殺人予告のビデオテープが届けられ、ターゲットとなっていたのは婦人警官であった。ユージたちが「神奈川県庁」前で交通整理をしていた婦警を発見するが、目の前で狙撃されてしまう。

第29話「追撃」

カオルが3年前に少年院に送った少女・森山理沙（菊地優子）が出所。カオルは理沙を迎えに行くが、何者かに狙撃された。理沙に心当たりを訊くと石橋（中野英雄）という男の名前が挙がる。ユージは、石橋の勤める「神奈川県庁」へ聞き込みに向かう。表札は撮影当時のままだ。

第18話「興奮」

サバイバル・ゲームをしていた野沢（貞永敏）を、小バカにしたタカが復讐される。野沢は誘拐事件を起こし、タカに身代金を持たせて横浜中を走らせる。中間地点だったのが「神奈川県庁」。電話ボックスは、現在撤去されている。

第37話「暴発」

会社社長・土井（北原義郎）の娘・香織が誘拐された。捜査課メンバーが変装し身代金の取引現場で張り込むが、犯人に気づかれて取引が中止されてしまう。取引現場が「神奈川県庁」前だった。

撮影当時の面影を持つタイル張りの複合ビル

1929年に大倉商事横浜出張所として建てられた。35年に海洋会横浜支部会館を設けるも、第二次世界大戦により焼失。その後、基金などによって、59年に改めて開館した。タイル張りの3階建てで、国際海事検定社などのテナントが入っている。

第7話「標的」

港署に、婦人警官の殺害予告ビデオが届いた。ユージたちはビデオの婦警を発見するが狙撃されてしまう。ユージは「海洋会館」に犯人を発見して追跡する。撮影当時の館内がわかる。

第16話「誤算」

タカは、ヤクザの常山（田中公行）から覚醒剤を奪うことに。だが常山は、飛島興業社長・森口（山下洵一郎）に覚醒剤を売ろうとしていた。「海洋会館」の並びが飛島興業として登場。

第28話「決断」

火薬工場からダイナマイトが盗まれた。工場に出入りしている運転手の牛島（高杉亘）を引っ張るが、牛島は知らない男に売ってしまったと言う。ダイナマイトを買ったのは、近藤課長に恨みを持つ岩城（中西良太）だった。岩城は、さらに婦人警官を拉致する。今の「海洋会館」前の通りは、撮影当時と変わらない印象だ。

第45話「謹慎」

サイレンを鳴らし爆走するパトカー。パパがハコ乗りで人をかき分け、トオルが運転して現場に急行する。パトカーは、「横浜スタジアム」から日本大通りを抜けて「海洋会館」前を疾走した。

🅼 第6話「波乱」

タカが鹿島（関川慎二）を追って消えた。拉致されたと睨んだユージとトオルは、鹿島の足取りを追う。海洋会館と同じ海岸通りの建物が『神奈川県警察本部』として登場した。

MAP
46

山下臨港線プロムナード

住 神奈川県横浜市中区海岸通～山下町

新港地区と山下公園とを結ぶ鉄道高架橋跡を利用した遊歩道

横浜税関付近から大さん橋入口を経て、山下公園西端を結ぶ遊歩道。2002年に「山下臨港線プロムナード」として一般開放された。旧山下臨港線の鉄道高架橋を利用し、約500メートルにおよぶ。遊歩道が高架となっているため、大さん橋と山下公園の付近では階段やスロープから遊歩道へ出入りすることになる。

第23話「策略」

銀行強盗で逮捕された岩見（内藤剛志）。しかし留置場から脱走し、横浜で幼稚園のバスをジャック。さらに、遊歩道で警官を襲って拳銃を強奪した。そして警官の一人を射殺して逃走する。

第7話「標的」

港署に殺人予告のビデオが届く。殺しのターゲットとなっていたのは婦人警官だった。ユージたちは交通整理をしていた婦警を発見するが狙撃されてしまう。ユージは車で逃走する犯人を追って遊歩道下を走る。遊歩道の下は撮影当時と比べて、それほど印象が変わらない。

第32話「迷路」

少女・知佳子（岩間沙織）が誘拐された。父親の守（庄司永建）は身代金を持って取引に向かうが、バイクに乗った2人組に金を奪われる。逃走用のバイクは遊歩道下で見つかった。現在はないが、撮影時は資材なども置かれていた。

第29話「追撃」

少年院へ送られた理沙（菊地優子）が出所すると、彼女の仲間が一人ずつ殺されていく。犯人は横羽組と確信した理沙は反撃に出るが……。遊歩道側の大桟橋共同ビルが横羽組の事務所となった。

住 神奈川県横浜市中区日本大通8

第12話「衝動」

歌手志望で横浜にやって来た少女・道子（藤本恭子）が、絞殺死体となって発見された。彼女の無念を晴らすべく、犯人逮捕に燃えるタカとユージだった。目の前の通りの印象は変わってしまったが、教会の柵をはじめ横の歩道は撮影当時とほとんど変わっていない。

関東大震災で倒壊、焼失したが後に再建されたキリスト教会

正統なキリスト教信仰の教会のひとつ。1875年に初代の大会堂が完成。後に関東大震災で被災したが、1933年に再建された。築80年を機に、老朽化対策と耐震補強、バリアフリー化のためリニューアルした。毎月第三金曜日に礼拝堂を公開。※無断で敷地に入ることは断っています。

MAP ㊽ PRIME TOWER YOKOHAMA

住 神奈川県横浜市中区山下町89-6

第33話「生還」

クスリ漬けにされ、長崎に連れて来られたタカ。覚醒剤の取引をさせられそうになるが、隙を見て回避する。その取引相手は『徳大寺コーポレーション』社長・徳大寺（長谷川明男）だった。『徳大寺コーポレーション』は、このビル内にある会社という設定だ。

日本大通り入り口交差点角地に建つ綺麗な外観のオフィスビル

1986年に竣工された、地上8階建ての鉄骨鉄筋コンクリートによる賃貸オフィスビル。基準階面積は約200坪を超え、天井高2530mmの執務スペースにはOAフロアが完備されている。また、乗用11人乗りのエレベーターが2基あり、利用者にはストレスフリーの移動が可能だ。

8つのブロックに区切られた地下に駅がある細長い公園

1600年代中ごろに遠浅の入江を埋め立てて作られた吉田新田に、明治期に新たに作られた運河、吉田川を埋め立てて作られた。1978年に開園。全長1200mにおよぶ細長い公園で、公園内に地下鉄の駅がある。石の広場、水の広場、みどりの森などで構成され、かつて石の広場には野外ステージが設けられていた。

第3話「挑発」

モデルガンを改造し、複数の殺人事件を引き起こしたサラリーマン・脇坂（阿部雅彦）。その改造拳銃は暴発の危険性もあるため、タカとユージが追う。写真は公園中央にかつてあった噴水の近く。

第46話「脱出」

港署にタカの子を身篭ったという女・ミカ（好井ひとみ）が訪れる。証拠を見せると言われたタカは、ライブハウスへ連れて行かれ、そこにいた銀星会の三上（倉崎青児）に監禁されてしまう。行方知れずのタカを捜すため、ユージはミカをマークする。左写真は公園中央、水の広場付近。

第16話「誤算」

伊勢佐木町に爆弾を仕掛けたと、男から聞かされるタカ。阻止したければ持ち逃げされた覚醒剤を奪い返せと命じられる。タカは仲介人の飯岡（流健二郎）を追う。写真は伊勢佐木町駅出口付近。

第36話「疑惑」

警ら課の新田（福田健次）と九条（深谷優隆）が、現金輸送車襲撃事件に遭遇。新田が犯人の一人を射殺し、警ら課ながら捜査に参加することに。右写真の水の広場には、ヘンリー・ムーアの彫刻「三つの部分からなるオブジェ」がある。

MAP 50 ｜ イセザキ・モール 1St.

住 神奈川県横浜市中区伊勢佐木町1

横浜地区の中心市街地 イセザキ・モールの入り口

1〜6丁目からなる、ショッピングストリート。全長1.2kmの通りには、彫刻やモニュメントが点在している。入り口右側には、横浜を象徴する崎陽軒のイセザキ・モール店がある。崎陽軒は1908年に創業し、旧横浜駅（現在の桜木町駅）構内での営業を開始。その後、全国で知られる有名店となった。

第51話「悪夢」

デパートの玩具売り場で犯人と銃撃戦を繰り広げるタカとユージ。逃走する犯人をタカが追う。写真は、2008年に閉店した「横浜松坂屋」。店の前でデビュー前のゆずが路上ライブをしていたのは有名だ。現在西館はJRAの場外馬券場となっている。

🅼 第6話「波乱」

現金輸送車の強奪犯・宮田（椎谷建治）を逮捕したタカだったが、宮田は狙撃され、タカも狙われる。翌日再びタカが狙撃され、犯人がいるビルの屋上へ駆け上がると襲撃犯のひとりの兄・鹿島幸雄（関川慎二）がいた。撮影は、イセザキ・モールにあった「井門伊勢佐木町ビル」屋上を使用。

食事処も多い
イセザキ・モールの前半部分

関内駅からイセザキ・モールを抜け、食事をすませて家路につく人が多い2丁目。残念ながら撮影当時と店舗はほとんど変わったが、現在は「松屋」「松のや」「大戸屋」「リンガーハット」「海鮮三崎港」「ドトールコーヒー」といった、気軽に入れるチェーンの飲食店が多く並ぶ。ほかにも居酒屋やバーなど全40店。

第24話「感傷」

ユージの後ろに見えるのは、「横浜ニューテアトル」という映画館。1955年にテアトル横浜として開館し、2018年に閉館した。最後の上映作品はドキュメンタリー『ヨコハマメリー』だった。

第1話「暴走」

デート喫茶『パピオン』のマスターである堂本（井上博一）が白昼堂々、射殺される。犯人は19歳の少年で、その光景を老婆が目撃していた。現場となった「イセザキ・モール」に映っているジュエリーショップ「シマミネ」は、現在も営業中。地域一の長い歴史を誇っている。

第30話「黙認」

「イセザキ・モール」の宝石店、玩具店、ブティックなどに、次々とパチンコ玉が発射される。犯人は、なんと少年。カオルはその少年を見つけ、鈴江と共に追跡。捜査課のメンバーも加わり大捕物に。

第48話「無謀」

真木（水谷敦）という青年が、駐車中の車に爆弾を仕掛けたと告げる。実際に爆発が起き、真木は他にも爆弾を仕掛けたと言う。そのうちの一つはイセザキ・モールだった。

Ｍ 第1話「多難」

爆弾40個がばらまかれた。爆弾はシンバルを鳴らすウサギの玩具に仕込まれていることが判明。シンバルを鳴らすと爆発する仕組みだ。捜査課メンバーはイセザキ・モールを探す。

住 神奈川県横浜市中区伊勢佐木町3

以前は映画館が多数建っていた伊勢佐木町のエンタメエリア

伊勢佐木町3丁目商店街。かつては横浜ピカデリー、横浜オデヲン座、オスカー1・2（日活会館）、横浜東映会館といった映画館が数多く建ち並んでいた。現在はそのすべてがなくなり、ドン・キホーテやボーリング場、パチンコ店、ゲームセンターなどに建て替えられたが、変わらず繁華街としての賑わいをみせる。

第22話「動揺」

菅沼和江（中島はるみ）のヒモに保険をかけ殺そうとし失敗した花岡登（立川光貴）は、和江を逆恨みし、彼女の娘に近づく。ロケ地は「横浜日活会館」にあった映画館「横浜オスカー」前。

第1話「暴走」

爆破されたデート喫茶のマスター・堂本（井上博一）が通っていたサウナ。このサウナは、通りから近い場所で1979年に「サウナニュージャパン」としてオープン。その後「スパニュージャパン」に改名し、2017年に閉館した。現在はコインパーキング（写真）となっている。

第32話「迷路」

知佳子（岩間沙織）から身代金を取りに行くように頼まれた深見（安藤一夫）。深見は身代金を持つ知佳子の父親（庄司永建）がいる喫茶店へ向かう。この喫茶店は、現在「ドン・キホーテ」に。

第48話「無謀」

港署に真木（水谷敦）という青年が現れ、爆弾を仕掛けたと告白。伊勢佐木町に仕掛けたとの証言から、港署の面々は伊勢佐木町へと向かった。最初に探したのが、この3丁目付近だった。

Ｍ 第7話「減俸」

ユージは、麻薬強奪事件の主犯・工藤（木村栄）のかつての相棒サブ（中島陽典）を捜査に協力させようと考え、彼の女をマークする。すると彼女は、「伊勢佐木町東映」へと入って行った。

MAP (53) イセザキ・モール 4St.

(住)神奈川県横浜市中区伊勢佐木町 4

青江三奈の大ヒット曲「伊勢佐木町ブルース」の歌碑が建つ伊勢佐木町 4 丁目の商店街。「伊勢佐木町ブルース」を歌った青江三奈が 2000 年に亡くなり、翌年にグランドピアノを象った歌碑が建立された。歌碑には作曲者の鈴木庸一直筆の楽譜が彫られ、台座のスイッチを押すと内蔵されたスピーカーから「伊勢佐木町ブルース」の 1 節が流れる仕掛けになっている。

第32話「迷路」

ある事件の犯人を逮捕したタカとユージ。犯人を連行中に、新たな発砲事件に遭遇する。イセザキ・モール 4St. を走り抜けて無事に逮捕するが、犯人は証拠の拳銃を落としてしまっていた。

第6話「誘惑」

「勾留中の男を釈放しなければ、伊勢佐木町で無差別に通行人を殺す」という電話が港署に入った。モールを張り込んでいたタカとユージだったが、電話の主が現れてライフル銃で発砲してきた!

第16話「誤算」

河野（吉田淳）という男が、伊勢佐木町のオブジェに、リモコン爆発するニトロ爆弾を仕掛けた。オブジェの見張り役である河野の女・由香里（テレサ野田）をトオルがマークするが……。写真の喫茶店「よんちょうめ」は、1981 年にオープンして現在も営業中である。

M 第18話「魅惑」

銃砲店に強盗が押し入り、トオルが現場に急行。犯人は、祥子（芦川よしみ）という女性を人質に取り逃走する。しかし、その女性は強盗の仲間だった。祥子の勤務先が「よんちょうめ」。下写真は撮影当時の外観。

イセザキ・モール 5St.

住 神奈川県横浜市中区伊勢佐木町 5

撮影当時と同じ面影を残す、古き良き商店が建ち並ぶレトロ街

伊勢佐木町 5 丁目の商店街。ここには、横浜のソウルフード・サンマーメンが有名な「玉泉亭」がある。サンマーメンとは、もやしや白菜、豚肉などを入れた野菜炒めにスープを入れ、とろみをつけてラーメンに載せた横浜発祥の麺料理だ。「玉泉亭」の創業は 1918 年で、曙町にあったが、戦後に現在地へと移った。

第23話「策略」

バッグを万引きした男・金井セイジ（小池雄介）。取り調べをすると初犯だったことがわかり、タカとユージは温情で釈放する。後日、イセザキ・モールで金井に遭遇。更生しろと改めて諭すが、腕に金の時計をしているのをユージが不審に思う。

第16話「誤算」

河野（吉田淳）という男が伊勢佐木町のオブジェ・星の塔を、リモコンで爆発させて落下させる仕掛けをした。タカに、自分のシャブを持ち逃げした常山（田中公行）というヤクザから 12 時間以内に取り返すよう脅迫する。ドラマ内で印象的な星の塔は、現在は撤去されている。

レトロ感溢れる商店が建ち並ぶイセザキ・モールの終点

1～6丁目にかけて連なる伊勢佐木町のイセザキ・モールの終点。チェーン店などは少なく、大正7年創業「田中薬局」、明治創業「川本屋茶舗」、大正14年創業「プロフィットイイジマ」など老舗が並ぶ。また、イルミネーションや春節ランタンの展示といったイベントも行っている。

M 第1話「多難」

2人組の銀行強盗を逮捕したタカとユージ。しかし、奪った金は仲間の宮崎（菅田俊）に渡り、その金でプラスチック爆弾を買ったことが分かる。爆弾はウサギの人形に仕込まれたことが判明し、港署メンバーはイセザキ・モールを探し回る。

第25話「受難」

山下派出所の若い巡査が鉄パイプで撲殺され、拳銃が奪われた。その後、野毛の薬局で店主が殴られて、気絶している間にレジから金を奪われるという強盗事件が発生する。設定は野毛だが、撮影に使われたのは「田中薬局」。大正時代の創業時より同じ場所で営業を続けている。

都橋・都橋商店街（ハーモニカ横丁）

🏠 神奈川県横浜市中区野毛町1

2024

弓なりに広がる飲み屋街
横浜市戦後初の建造物

1964年の東京オリンピックを機に、周辺の露店を収容するため、同年に建設された「都橋商店街」。商店街とされているが商店は少なく、ほぼ居酒屋やスナックといった飲み屋街。狭い間口の店が並んでいる様子が、ハーモニカの吹き口に似ていることから「ハーモニカ横丁」とも呼ばれ、親しまれている。

第8話「偽装」

スーパーで強盗殺傷事件が発生する。捜査を進めるうちに、ハーモニカ横丁のスナックで飲んでいた容疑者を発見し、港署のメンバーと大立ち回りを演じる。店舗は変わったものの、ハーモニカ横丁は放送当時とほぼ変わらず現存している。

2022

1986

第12話「衝動」

銀星会の野島（苅谷俊介）を追い、都橋を歩いていたタカは、ハーモニカ横丁のスナックで揉め事を起こしている野島を見つける。本話は、映画『もっともあぶない刑事』やドラマ『西部警察』でも舘と共演している苅谷俊介が登場。この都橋下を含めて、2人のシーンが印象的な回だ。

1986

2019

2022

1986

韓国を始め外国人経営の店が多く、風俗街としても知られる歓楽街

福富町東通、仲通、西通という、3つの地域で形成されている「福富町」。横浜市の区制施行後、1928年の地番整理以降から現在のように呼ばれるように。『あぶない刑事』の中では事件が起こる確率の高い場所であったが、当時は実際に違法スロット店の摘発や殺人事件など比較的治安の悪いエリアでもあったようだ。

第2話「救出」

銀行強盗犯を逮捕しようとしたトオルは、逆に拉致されてしまう。強盗犯は仲間・依田（山田隆夫）に、トオルの身代金を受け取りに行くよう命令。依田は金を受け取るため、福富町西通へ。

第4話「逆転」

怪しい男につけられているという少女・美由紀（河合美智子）と知り合うユージ。少年課の案件だからとカオルに警護を任せるが、福富町仲通にある店を捜査していたユージの前に美由紀が現れる。

第21話「決着」

銀星会幹部の倉橋（内田勝正）から、人権侵害で告訴されたタカだったが、倉橋のマークを続けていた。そんな折、タカはパブ「Big」から出たところを何者かに襲われた倉橋を助けることに。「Big」は福富町仲通に実在した店だが、現在はスナック「姉妹」に変わっている。

第12話「衝動」

少女・道子（藤本律子）がクスリ漬けで殺された。訊き込みから道子が殺された晩に、赤松（木下秀樹）が一緒にいたと判明。トオルたちは赤松がいるという福富町仲通にある雀荘を訪ねる。

第14話「死闘」

現金輸送車が襲撃された。タカとトオルは使用された弾丸を元に拳銃の密売人（木村栄）を割り出し、福富町の「パチンコ コスモ」へ向かう。ここは現在、「コスモビル」になっている。

MAP 58 清正公通り

住 神奈川県横浜市中区長者町8

加藤清正に所縁があると考えられ、1976年に現在の名が付いた路地

長者町通り沿いの中区長者町8丁目と、長者町7丁目それぞれの交差点の中間にある路地。詳しくは分かっていないが、加藤清正に所縁があると考えられ現在の名が付いたという。清正公通りには飲食店や雑居ビルが並び、なかでも目を引く「清正公プラザ132」にはスナックや小料理屋といった飲食店が入居している。

M 第8話「秘密」

鈴江が清正公通りでチンピラのジロー（塩谷孝之）を追っていた。そこへ、同じくジローを捜していたユージも現れる。ジローは港署員のプライバシーを垂れ流していたのだ。そして、ネタ元は銀星会の下部組織にいる島本だとわかる。

第22話「動揺」

スナック『JO'S BAR』のバーテン・花岡（立川光貴）が、高田組の竹島と両角にカラまれていた。翌日、タカとユージが2人を清正公通りで問い詰めると、花岡に拳銃を売ったが代金を払わないことで揉めていたと判明する。そして、その銃はある殺人事件で使われたモノと同じ型だった。

MAP 59

日ノ出町／黄金町（横浜日劇）

住 神奈川県横浜市中区日ノ出町～黄金町

ストリップ劇場やポルノ映画館が建ち並ぶ住宅街

駅前に京急ストアがある閑静な住宅街かと思いきや、ストリップ劇場「横浜ロック座」、路地にはポルノと〝薔薇族〟映画を上映する「光音座」という大人の娯楽施設が並ぶ。また、「かもめ座」（2002年閉館）や、かつて洋画3本立てを上映していた「横浜日劇」（2005年閉館）もあった。

第23話「策略」

銀行強盗犯・岩見（内藤剛志）が、留置場を脱走。横浜で犯行を重ね「横浜日劇」に逃げ込む。「横浜日劇」は、1953年～2005年まで営業。邦画専門だったが、シネスコの導入で洋画専門館に。永瀬正敏主演の「濱マイク」シリーズで有名に。

第12話「衝撃」

少女・道子（藤本恭子）がシャブ漬けで殺された。訊き込み情報から、道子が殺された晩に一緒にいた赤松（木下秀樹）を訪ね、福富町仲通にある雀荘まで行くが赤松は撃たれてしまった。ロケ地に使用されたのは、日ノ出町駅前の京急ストアから回り込んだ、京急本線のガード下だ。

明治時代から営業を続ける お店もある商店街

1889年に設置された町。老舗の店舗も多く、69年に開業した日本最古の西洋理髪店と言われる「柴垣理容院」や、1938年頃に、庶民でも安く呑める場として生まれた「和泉屋」「栄屋酒場」という2軒の酒場が営業を続けている。他にもミラノ風ハンバーグで知られるイタリアン「シャルドネ」が人気を集める。

Ⓜ 第4話「奇策」

覚醒剤密売組織の捜査線上に、中沢（阿部祐二）という男が浮上。ユージとトオルは中沢を尾行するが、喫茶店「TEA ROOM TAKE5」の裏口から逃げられてしまう。同店は初音町1丁目にあったが、現在はなくなっている。

運び屋から覚醒剤を買った男シャブケン（土岐光明）。土下座をして許しを請うが……。街並みの面影はなんとなく残っているが、撮影当時の店は現存しない。

右上と同じシーンの別角度から撮影したカット。後ろに映るクリーニング店は建物が変わったもののしばらくは営業していたが、現在はすでに閉店。

広大な園内には動物園もある 標高 50 mの高台にある公園

1951 年に動物園と遊園地地区を兼ね備えた「野毛山遊園地」として開園。9.1 ヘクタールの公園のうち、3.3 ヘクタールを占める「野毛山動物園」には 100 種類以上の動物が展示されている。周辺には横浜市中央図書館があるほか、園内に約 250 本ある桜の名所としても知られ、近隣住民の散歩コースになっている。

M 第20話「迷惑」

警視庁捜査一課の橘（苅谷俊介）と、「広域 103 号事件」を捜査するタカ。103 号（友金敏雄）は連続殺人犯で、橘はこの事件を 3 年間も追っていた。103 号は、橘をも始末するため彼をおびき寄せる。園内のプールは 2009 年に解体された。

第24話「感傷」

警官殺しの青年・良（安藤一人）を山梨南署まで護送することになったタカとユージ。途中、温情から、良を中学時代の憧れの先生・陽子（紀ノ川瞳）に会わせることに。しかし、陽子がトラブルに巻き込まれていると知った良は逃走。良がカタをつけると訪れたのが「野毛山公園」だ。

🏠神奈川県横浜市中区元町 1-13

どこかレトロ感が漂う
元町のショッピングモール

1972 年にオープンしたショッピングモール。増徳院という寺の跡地に建てられた。1〜2 階にはファッションブランド、3 階には飲食店やエステサロン、クリニックなどが入居している。テナントの入れ替わりは激しいが、シルバー向けの洋品店や、インテリアの店舗が目立ち、つねに昭和レトロの雰囲気が漂う。

第12話「衝動」

人を捜して欲しいと港署にやって来た道子（藤本恭子）。カオルと鈴江が話を聞き、その内容からタカとユージに相談することに。相談場所に選んだのが、元町プラザ2階にあった喫茶店だった。

Ⓜ 第13話「代償」

殺された父の復讐のため、2人の男を陥れようと画策する女・榛名（相築彰子）。ユージは事情を知りつつも行動を共にする。この元町プラザのエスカレーターホールは、当時とほぼ変わらない。

第48話「無謀」

横浜のいたる所に爆弾を仕掛けられる事件が発生。元町を探せという犯人のヒントに、ユージたちは元町へと向かう。元町プラザ2階にあるショップのランチボックスに爆弾を見つけユージが運び出す。この建物横にあった屋外エスカレーターは取り外され、階段へと変更されている。

第25話「受難」

薬局から強奪した青酸ナトリウムと引き換えに、3億円を要求する岩本（立川利明）。岩本が入金の確認に訪れたのは、元町プラザ1階にあるキャッシュディスペンサー。今も撮影当時と同じ状態で、そのまま残っている。

MAP 63 | 元町パセオ

住 神奈川県横浜市中区元町 1-50
営 10:00 〜 21:00

レトロな建物が並ぶ横浜元町のショッピングストリート

ブティックやカフェ、レストランなどが建ち並び、小規模ではあるがショッピングモールの形態を取っている「元町パセオ」。クラシカルな商店街をイメージさせ、どことなくレトロ感が漂っている。また、メインストリートから少し奥まったところにあるため、静かで落ち着いた雰囲気のある商店街だ。

M 第17話「乱心」

FBIアカデミーで麻薬捜査を学んだ神崎京子（一色彩子）が港署にやって来た。そんな京子に振り回されっぱなしのタカとユージ。写真はタカが京子に車から引きずり下ろされるシーン。この元町パセオ前の石畳などは現存している。

第11話「奇襲」

ある発砲事件が起き、10年前の現金輸送車強奪の容疑者たちが浮上。ブティックを営む容疑者の一人、内藤（江角英明）の元に、タカが訊き込みに出向くが……。入り口側の店のようだが、現在は違うテナントが入っている。

第19話「潜入」

銀行強盗犯・森岡（伊藤敏八）を追うユージとカオルは、森岡の女・悦子（一色彩子）が勤めるナイトクラブに潜入する。写真の入り口付近のレンガ模様の壁など、今も変わらない。一色彩子の登場回が決まってこのロケ地であるのも面白い。

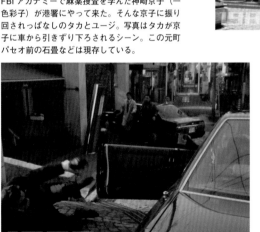

⌂神奈川県横浜市中区元町5

職商人と食商人の店が軒を連ねる600mのストリート

「元町クラフトマンシップ・ストリート」をかかげる元町の裏通りの一つ。クラフトマンシップとは、職人の技能や職人芸のこと。もともと元町仲通りは、元町通りで販売する商品の製造を行うことが多かったためこう提唱するように。実際、通りには職人の技が光る老舗や、変わったスタイルのオリジナリティ溢れる店舗が多い。

第22話「動揺」

何者かに射殺された男・小宮（影山英俊）。小宮がマスターを務めていたのが、この「JO'S BAR」だった。「JO'S BAR」自体は横浜ランドマークタワーへ移った。また、冒頭に登場するレストラン「霧笛楼」は撮影当時とほぼ変わらない。

第25話「受難」

若い巡査から拳銃を奪い、薬局を襲って金と青酸ナトリウムを強奪した岩本（立川利明）をタカが追う。岩本が逃げた先は、「GALERIE VIE」というお店。撮影当時はその店名だったが、現在は「トゥモローランド横浜元町店」に。

M 第24話「急転」

野崎という女が殺され、事件の鍵を握る高木登（石田信之）をユージが追う。野崎が入った店は「舶来屋」というダイナー。アメリカン・スタイルのサンドイッチなどを出す店でデビュー間もない佐野元春がここでライブをした。現存はしていない。

🏠神奈川県横浜市中区元町 1-77-4

登録有形文化財に指定され 歴史的建造物や西洋館も充実

1930年に開園した、山手地区の公園。広い園内には、ジェラールの水屋敷跡や山手80番館遺跡といった歴史的建造物のほか、横浜山手西洋館の山手234番館、エリスマン邸など、無料で見学できる施設も充実している。また、市営プールや弓道場などのスポーツ施設も併設され、多くの観光客でにぎわいを見せる。

第27話「魔性」

1億5000万円の宝石「クレオパトラの夢」が盗まれた。犯人は元暴走族の菅井（佐藤弘）と滝沢（森聖二）だと判明。その犯行理由は、サチ（森恵）という女性に、「宝石を盗めば結婚する」と言われたためだった。写真は公園脇の側道でのシーン。

Ⓜ 第9話「乱脈」

連続通り魔事件の囮捜査をしていたカオル。犯人に遭遇するが、拳銃の入ったバッグを奪われてしまう。一緒に捜査に当たっていたトオルは犯人を追いかけて拳銃を撃つが、脚に当たっただけで逃げられてしまった。この一連のシーンは、元町公園内と脇の側道で撮影された。

MAP ⑥⑥ 山手公園

住 神奈川県横浜市中区山手町 230

明治３年に横浜居留外国人によってつくられた国内初の洋式公園

山手公園は、日本で初めてテニスがプレーされた〝テニス発祥の地〟。そんな園内の「テニス発祥記念館」では、テニスの歴史を知ることができる。また、ヒマラヤスギが日本で初めて植えられ、ここから全国に広まった。ヒマラヤスギは、2004年に国の名勝に指定され、09年には近代化産業遺産に認定された。

第7話「標的」

港署に、殺人予告のビデオテープが届いた。『PM14:00 この女を殺す』というメッセージと共に映っていたのは、山下署に勤務する婦人警官の姿であった。撮影場所がテニスコートであったことから事件の手がかりを探す。

Ⓜ 第23話「心痛」

ミリオン不動産の社長・池上（森次晃嗣）が何者かに狙撃された。じつは息子の公平（小野隆）が、知り合いの暴走族に暗殺依頼をしていた。150年以上の歴史ある公園ではあるが、入り口付近の側道も含めて撮影当時とほとんど変わらない姿で現在も残っている。

「ユーミンの聖地」として知られる 1969 年創業のカフェレストラン

根岸森林公園から程近い場所にあるカフェレストラン「Dolphin」。ユーミンが、荒井由実時代によく通った店で、「海を見ていた午後」という、店にちなんだ曲もあるほど。ユーミンファンが彼女ゆかりの地として今でも訪れる。歌詞に出てくる "ソーダ水" を注文すると、この曲をかけてくれるという。

Ⓜ 第10話「悪戯」

ユージは、銃の密売をする「株式会社曙商事」の取締役・新見（倉屋烈）を尾行していた。新見が根岸森林公園でトイレに向かうと、ユージも尿意を催しトイレへ。しかし新見はトイレから消え、頭から血を流して昏睡状態で見つかった。

第44話「苦杯」

銀星会を潰すため、組員を始末する依頼をされた殺人マシーン岩木悟（佐藤信一）。「Dolphin」で作戦会議をしているタカとユージの元へ、カオルが岩木のアジトが割れたと知らせにくる。3人は店を出て、岩木のアジトへと向かう。「Dolphin」は外観だけでなく、内装も撮影時と変わらない。

第6話「疑惑」

元銀星会組員・金森に、身も心もボロボロにされた女性・緑（風祭ゆき）。緑は金森への復讐を画策していた。彼女に入れ込んでいたユージは、その真意を確かめるべく緑の元へと向かう。2人が話しているのは公園内の「ポニーセンター」。

MAP 68

港の見える丘公園

🏠 神奈川県横浜市中区山手町 114

2024

流行歌からその名が付いた カップルも多く訪れる公園

1962 年に開園した、横浜を代表する公園のひとつ。横浜港とベイブリッジが望める展望台は、夜景を目当てに訪れるカップルも多い。その名称は戦後の流行歌「港が見える丘」に由来。いしだあゆみの曲「ブルー・ライト・ヨコハマ」はこの公園から見た横浜と、川崎の工業地帯の夜景をイメージしたものだという。

1989

第30話「黙認」

少年が、母親・優子（朝比奈順子）を捜して欲しいと港署へ。捜索を進めると、優子という女性が2人いると判り、もう一人は、銀星会幹部を夫に持つ妹の雅子だった。公園中央にあるこの石段は、今も変わらず残っている。

1989

2022

1987

Ⓜ 第13話「代償」

タカをダブルデートに呼び出したユージ。しかし、タカが来る間に女性たちに逃げられてしまった。そこへ一人の女（相築彰子）が通りかかり、誘いをかけるユージだったが、あるアクシデントでタカに女を持って行かれてしまう。写真は人気の展望台。当時とほぼ変わらず残っている。

2024

1989

2024

かつて元町の最寄り駅として重宝された住宅地

住宅地でありながら中村川を隔てて隣接する吉浜町との間に、根岸線石川町駅が設置（1964年）されたことで、山手や元町、中華街といった観光スポットへの入り口としての役割を果たす。しかし、2004年に横浜高速鉄道みなとみらい線の元町・中華街駅が開業したため、元町の最寄り駅としての座を譲ることに。

M 第25話「一気」

一晩中張り込んでいた男を追うユージとトオル。だが、目の前で派出所に出頭されてしまう。昨日の張り込みが水の泡に……。冒頭のタイトル明けがこのシーンである。ここは石川町駅前歩道橋で、今も当時と同じ形で残っている。

M 第2話「攻防」

事件の重要参考人が次々に射殺され、次の標的は銀星会の前尾（深江章喜）と判明した。犯行寸前で阻止したタカとユージは犯人を追う。写真は首都高速神奈川3号狩場線脇の側道で、現在もこの道は存在している。

第35話「錯覚」

連続宝石強盗事件の容疑者が殺された。事件を目撃した女子高生・山西陽子（勝沼のり子）は、身の危険を感じて引っ越しをする。写真は、中村川から住宅街を入ったところにある、陽子が越してきた「福園アパート」。

住 神奈川県横浜市中区元町 2

元町から山手を繋ぐ代官坂の中腹に位置するトンネル

代官坂から分岐した 1 車線で、細いため信号によって交互通行となっているトンネル。出口付近には、1946 年に創業のダンスホール「クリフサイド」、代官坂には 1873 年創業の「宮崎生花店」が建っている。ちなみに、現在の「宮崎生花店」は関東大震災後に建て直されたもので、映画『コクリコ坂から』にも登場。

M 第19話「役得」

事件の鍵を握る由美（河合美智子）をバイクの後ろに乗せて疾走するトオル。パパとナカさんがこれを追跡し、「代官坂」のヘアピンカーブを曲がる。この回にも団時朗が出演しているが、「代官坂」のシーンには登場していない。

第42話「恐怖」

『帰ってきたウルトラマン』の団時朗の登場回。車を奪い逃走するスナイパーの豹藤（団時朗）。それを追跡するタカは、トンネル横の坂道から車の屋根に飛び乗る。トンネル付近や道も、撮影当時とほぼ変わらない状態で残っている。

第4話「逆転」

「代官坂トンネル」内で覆面パトカーがガス欠になってぼやくユージ。苦労の末、トンネルから自力で車を押し出すと、その車の屋根に少女・美由紀（河合美智子）が飛び降りてくる。「もっと」第19話と同じく、河合美智子がゲスト出演している。

住 神奈川県横浜市中区元町1

堀川に架かる元町商店街と中華街エリアを結ぶ小さな橋

1983年の高速道路建設時に整備された、元町と山下町・中華街へ行く利便性を向上させるために架けられた橋。橋の名は付近にある代官坂に由来すると伝えられ、その名の通りに、代官坂から伸びた代官坂通りの延長線上に位置している。かつてクリスマスシーズンにはイルミネーションが施されたこともある。

第23話「策略」

銀行強盗をして逃走中の岩見（内藤剛志）が、執拗に追う男・作間（伊藤克信）。タカとユージは、強盗した金を作間が横取りしたと睨む。「代官橋」前の不動産屋を通過した作間と、そこへ現れた岩見を追うタカとユージ。

Ⓜ 第12話「突破」

銀行強盗犯を逮捕したが、「犯人たちを釈放しなければ、貯水場に毒物を混入する」という脅迫電話が入る。港署は、犯人を釈放して泳がせることに。尾行をするタカだったが、「代官橋」下に停泊していた船によって犯人に逃げられてしまう。

第8話「偽装」

信用金庫で強盗事件が発生。坂本（中島陽典）というチンピラが事件に絡んでいると睨むタカとユージ。坂本が潜伏している根城を見つけるが逃げられ、「代官橋」付近で見失ってしまう。写真下のユージは鳶職人に変装して潜伏しようとしていたシーン。

2015

京浜東北・根岸線山手駅の すぐ近くに建つマンション

鹿島建設の施工により、1964年8月に竣工された鉄筋コンクリート6階建て（総戸数41戸）のマンション。ファミリー層に人気が高く、第一種低層住居専用地域の戸建てが建ち並ぶ閑静な住宅街にある。エレベーター、駐車場、駐輪場とバイク置き場を設置。2014年には大規模修繕工事が実施された。

2015

第16話「誤算」

河野（吉田淳）という男から、持ち逃げされた覚醒剤を取り返せと脅迫されるタカ。失敗すればニトロを爆発させるという。焦るタカは犯罪の片棒を担ぐが、ユージが救いの手を差し伸べる。劇中では『カーサ　ヨコハマ』という設定。

1987

第24話「感傷」

警官殺しの罪を犯した青年リョウ（安藤一人）。彼は中学時代の憧れの先生・陽子（紀ノ川瞳）がヤクザに脅されていることを知り、護送中に陽子の住むマンションを訪ねるが……。劇中では、「コープ竹の丸」の表札も映っている。

第43話「脱線」

スリの常習犯・トメ吉（飯山弘章）を捕まえたユージ。署へと連行中、無線連絡があり、銃声がしたとの通報があったマンションに急行する。中から出てきた2人組の男から、いきなり発砲されるユージ！　劇中では『メゾン大山』という名だった。

1987

2015

1987

2015

1987

閑静な住宅街に佇む
撮影当時と変わらないアパート

JR 根岸線の山手駅と根岸駅のほぼ中間に建てられた、6室からなるアパート。「ひな菊荘」という響きからしてレトロ感が漂うが、撮影当時とほぼ変わらない状態で残っており、まるでタイムスリップしたかのような感覚を覚える。近隣には根岸森林公園があり、散歩などにもうってつけの場所だ。

コカインの密売をしていたディスコの元ボーイ・大沢が殺害された。大沢殺しは仲間割れの可能性が高く、仲間の池辺（広瀬匠）のヤサである「ひな菊荘」を探ることに。

M 第17話「乱心」

FBI アカデミーの京子（一色彩子）と行動を共にしていたタカとユージ。訪れた部屋には容疑者の池辺と深野がいたが、京子の失敗で逃げられてしまう。タカは「ひな菊荘」の2階から落下した。

横浜船員教育センター（JEIS）

住 神奈川県横浜市中区本牧ふ頭3番地　☎045-628-1525

船員教育を目的に設立された施設 JEIS

センター内には、JEIS（日本船舶職員養成協会）があり、国家資格の小型船舶操縦免許を取得できる。桟橋が隣接していて実技講習も行うことも可能だ。それまですべての船員教育を行っていたが、2012年からは小型船舶操縦資格免許など一部の業務は各支部で行うことになった。無断の立入りは禁止されている。

第1話「暴走」

連続爆破事件が発生。容疑者である吉野（河西健二）を捕まえるが、無線爆弾と改造拳銃はすでに仲間に渡したことがわかる。港署の面々は、各々の車に乗り込んで捜査へ向かう。初代港署の外観として使われたのがここだ。

第3話「挑発」

番組開始当初のためか、港署の外観がたびたび登場する。左下の写真は、港署の出入り口となっていた場所である。また、右下の写真は港署の玄関口。オープニングでタカが入ってくるシーンは、この扉を参考にしているようだ。

第14話「死闘」

現金輸送車襲撃事件を捜査中、銃で撃たれ重傷を負うユージ。一方タカも捜査を進めるが……。劇中では港署を出るとすぐに、この本牧橋を渡るシーンが挿入されることが多かったが、実際には繋がっていない。建物を出て進むと山下ふ頭へと続く。

住 神奈川県横浜市中区本牧ふ頭 1-16 ☎ 045-622-9600

船が安全運航できるよう信号や情報を送るタワー

本牧埠頭に建つ、高さ 58.5 m のタワー。内部へ入場可能で、港の風景を一望できる展望室や展望ラウンジがある。周辺の緑地公園は市民の憩いの場として開放されており、フリーマーケットやコンサートなど各種イベントが開催されている。車でないと行きづらい場所ではあるが、訪れる価値のある絶景スポットだ。

Ⓜ 第5話「争奪」

連続恐喝事件が発生し、高井弁護士（有川博）が犯人との取引の為、港署に助けを求めてきた。取引の場所になったのが、劇中で「本牧パーク」と呼ばれているこの場所。トオルの自転車での追跡シーンでは、街路樹の年輪も見ることができる。

第29話「追撃」

カオルが少年院に送った少女・理沙（菊地優子）が、刑期を終えて出所した。カオルは理沙を迎えに行くが何者かに狙撃される。かつての仲間の仕業と知った理沙は傷心するのだった。ロケ地は、撮影当時とほぼ変わらない。

Ⓜ 第8話「秘密」

最近起きた事件の情報源がすべて『ハマインフォメーション』にあると踏んだタカとユージ。社長の坂上（小林勝彦）らを追跡の末、追い詰める。ラストの銃撃戦はこの場所で行われた。ここはタワーから少し離れた本牧埠頭のコンテナ街である。

2019年に閉店した
会員制バー＆レストランバー

横浜生まれのダンス「ハマチャチャ」の創始者・小山成光が、1974年に開いた会員制のバー「ラジョイ・アンド・レッドローズ」と、そこに隣接するレストランバー「ぽんこつ」。「ぽんこつ」は、第24話に登場。現在はともに閉店となり、その跡地にはテナントが入ったマンションが建っている。

第24話「感傷」

執行猶予中に友人を庇い警官を殺してしまった青年・良（安藤一人）。タカ＆ユージが所轄の山梨南署まで護送することになるが、良に好感を持ったユージは、彼の中学の時の憧れの教師に会わせてやることに。写真は、店の前の通り。

M 第25話「一気」

スナック「ゴールデンカップ」で強盗事件が発生し、梶原（倉崎青児）という男が逃走。その後、被害者であるスナックのマスター（伊藤裕平）が何者かに殺されてしまう。ユージは仁の居場所を突き止めるため、彼の女・真由美がいる「ラジョイ」へと向かった。

⛩神奈川県横浜市中区本牧町 1-46　㊡月　☎045-264-4944（18時以降）

石原裕次郎や勝新太郎なども訪れた歴史的ライブハウス

1964 年に創業した老舗。多くのスターを輩出し、伝説のライブハウスと呼ばれている。66 年には専属グループサウンズのザ・ゴールデン・カップスが誕生したほか、矢沢永吉なども輩出。彼のデビュー 40 周年の際には記念に訪れたほど、矢沢自身の音楽に深く影響を与えた場所である。貸切パーティでの使用も可能だ。

Ⓜ 第25話「一気」

スナックで強盗事件が発生。ユージとトオルが急行すると、2 人の男が金の入ったバッグの奪い合いをしていた。そこへ後から来たタカが強盗の 1 人・尾藤（問田憲輔）を撃つ。ロケ地は店の裏手の駐車場で、当時のまま残っている。

第17話「不信」

新山下の運河で死体が上がった。死体は麻薬 G メンの八木沢（藤岡洋右）で、彼は押収したブツを横流ししていた。タカたちは「ゴールデンカップ」の向かいにある花屋の野々村を売人としてマークする。この「本牧ガーデンセンター」は現存。

第12話「衝動」

歌手志望の道子（藤本恭子）が殺された。彼女に目をかけていた銀星会の野島（苅谷俊介）は復讐を誓う。タカとユージは、事情を知る「ゴールデンカップ」のママに話を聞きに行く。入り口や外観、赤いテント屋根まで今も撮影時と変わらない。

MAP 78

本牧山頂公園

〒神奈川県横浜市中区和田山 1-5　☎045-622-2766

2015

キャンプやバーベキューも楽しめる 尾根伝いに続く丘に散歩道

米軍横浜海浜住宅地区の跡地を整備し、1998 年に開園した自然あふれる公園。丘の上に広がる公園として、横浜港や横浜ランドマークタワーの街並みはもちろん、富士山までも望むことができる。22 万 7031㎡の広さを誇り、カフェやドッグランがあるほか、有料でキャンプをすることも可能だ。

1987

第18話「興奮」

サバゲーオタクの野沢（貞永敏）が、由美（渡辺祐子）を誘拐。坂の上に放置した車に由美を乗せ、22 時に自動で発進する仕掛けを施す。全体的な公園の雰囲気は、撮影当時と変わっていない。

1987

第26話「予感」

『加藤商事』社長・加藤（高品剛）は、銀星会幹部の小宮（檀喧太）と拳銃の売買をしていた。取り引きに向かう小宮を追跡するが、気づかれそうに……。当時の横浜の街並みを見ることができる。

1987

第29話「追撃」

カオルが少年院に送った少女・森山理沙（菊地優子）が、出所後に命を狙われる。捕まる前に理沙は、覚醒剤を土の中に埋めて隠したという。カオルと鈴江らで掘り起こしに向かうが、ヤクザの高沢（遠藤憲一）が迫る。理沙が覚醒剤を隠した場所は、「本牧山頂公園」だった。

1987

Ⓜ 第1話「多難」

銀行強盗のタレコミがありタカとユージが張り込む。2 人は、わざと泳がせ犯行を重ねさせ追跡。カーチェイスの末に逮捕するが……。広い道が通った公園だけに、車でのシーンが多かった。

1988

Ⓜ 第22話「暴露」

覚醒剤密売組織の情報を掴んだユージとトオルは、潜入捜査を決行。ユージは覚醒剤のブローカーに変装して、一味のボス・有田（蔵一彦）に会いに行く。後ろに映る風車は現存していない。

1989

住 神奈川県横浜市中区本牧三之谷 59

三溪園に近く、訪れる人が多い公園

1969 年に、海を埋め立てて造成された公園。園内には本牧市民プールがあり、三溪園も近い。『あぶない刑事』でも複数回登場しており、第 1 話でユージが犯人を追いかけるシーン（写真左下）や、第 38 話、「もっと」第 16 話と第 25 話では捜査課メンバーが揃うシーンで確認できる。

第5話「襲撃」

宝石店『石塚商会』で強盗事件が発生。ユージは犯行の手口から、自身が逮捕した中沢（野中功）が怪しいと睨む。だが、それは中沢の妻が人質に取られたための犯行だった。中沢は「本牧市民公園」からユージに電話を掛けるが、ユージが到着した際に中沢の姿はなかった。

住 神奈川県横浜市中区かもめ町

国道 357 号（東京湾岸道路）沿いの住民に活用される陸橋

かもめ町と本牧元町をつなぐ歩道橋。本牧方面には本牧市民公園がある。東京湾岸道路は幅が広く交通量も多いため、この歩道橋を利用する人は多い。現在は首都高速湾岸線の下をくぐる形だが、撮影当時は視界を遮るものがなかった。ほかに、第 16 話「誤算」（写真左下）に登場。

第23話「策略」

バスジャックが発生。ユージは捜査課転属願望の強い少年課の鈴江に、追走するトラックに歩道橋から飛び乗れとそそのかす。鈴江を演じる御木裕はドラマ『西部警察』でアクション担当だったが、ここでは飛び降りに尻込みするというギャップのある役どころが面白い。

海と山に囲まれ
生活に便利な施設が充実

磯子区は横浜市でもっとも古い区の
ひとつ。海と山に面した豊かな自然
が魅力のエリアだ。臨海部には工業
地帯が広がり、内陸部は昔ながらの
街並みと高層マンションが混在。「磯
子・海の見える公園」（磯子区洋光台）
といった公園や施設、またショッピ
ングモールやスーパーなども充実し
ている。

「あぶない刑事」記念すべき第１話ファースト
シーンはここから始まった。ユージと神奈川
県警本部の柴野悟刑事（清水紘治）が張り込
みをしているのは横浜市民ヨットハーバー。

第１話「暴走」

ユージは、連続爆弾事件の容疑者・吉野（河西健二）のアパートへ。吉野に任意同行を求めるが
逃げられてしまう。番組史上初めてのユージラン。写真の場所は現在、磯子根岸つり船センターに。

MAP
(82)

東神奈川ゴルフジョイ

㊟神奈川県横浜市神奈川区千若町 1-3　☎045-441-2841　㊡年末年始

飛距離と方向性の確認ができるフルフラット天然芝の練習場

「あぶない刑事」撮影当時の面影を残す、距離約 200 ヤード、104 打席、駐車場 97 台という大型ゴルフ練習場。平日 9 時〜 23 時、土日祝日 4 時半〜 23 時という営業時間の長さもうれしい。平日 500 円 40 個から打つことができ、広い施設にはゴルフショップも併設されている。打席はすべて左右兼用となっている。

第2話「救出」

タカとユージが銀行強盗の犯人のヤサへ向かう。向かった先が『東神奈川ゴルフジョイ』の裏手にあるアパート。もぬけの殻の状況にいきり立つ2人だったが、近藤課長から教えられた「冷静になるための深呼吸」をするのであった。

第42話「恐怖」

殺人事件の捜査線上に浮かんだ豹藤（団時朗）を、ユージとトオルが追う！写真上のネット横の脇道は、一般の人の立ち入り禁止だが当時とほとんど変わっていない。逃走劇に使われた写真下の同敷地内裏手に隣接する建物脇の通路は、現在は改装されてしまった。

倉庫街にほど近く、トラックの往来も多い踏切

周囲には倉庫が密集している千鳥橋の踏切。時間帯によっては車の交通量が多く、トラックなどの大型車の往来が激しい。踏切内は3線が敷設されているが、あまり大きな踏切ではない。東神奈川駅方面からこの踏切を渡ると、『あぶない刑事』ではおなじみの「Bar StarDust」と「BAR POLESTAR」に到着する。

第21話「決着」

銀星会幹部・倉橋（内田勝正）が暴走車に襲われた。運転手は、マリア（佐々木美須加）という女だった。だが、マリアは拳銃でカオルを拉致し、カオルの運転で千鳥橋・踏切を通って、銀星会が出入りする「BAR POLESTAR」へと向かう。

第35話「錯覚」

連続宝石強盗事件を追って、クラブに3日間張り込んでいたタカとユージ。そこへ容疑者・中塚（白井達始）が現れる。逃げた中塚を千鳥橋・踏切まで追うが、電車に遮られた瞬間に殺されてしまう。そして現場には、殺しを目撃したであろう女子高生・山西陽子（勝沼のり子）がいた。

㊀神奈川県横浜市神奈川区山内町1

近くには出川哲朗の実家もある みなとみらい近くの市場

国内3番目、東日本で初となる1931年開場の市場。水産物や青果などを主に取り扱っている。月に2回、一般開放日が設けられており、マグロの解体ショーなどを見ることができる。ヨコハマポートサイド地区方面にはチーズケーキで有名な「ガトーよこはま」や、出川哲朗の実家の海苔店「蔦金商店」などもある。

第20話「奪還」

銀星会の若頭の妻・奈津子（赤座美代子）を追って、タカは横浜シティ・エア・ターミナルへ。ここは、成田国際空港との高速バスの整備を目的として開設されたが、現在はスカイビル1階に移転。

第8話「偽装」

現金の入った（実際は新聞紙）ジュラルミンケースを持って逃げる犯人を、タカとユージが追う。犯人はパチンコ玉を積んでいた台車をひっくり返して、タカとユージの追跡を妨害する。ここは市場近くの道路だがやや形状が変わり、現在は写真のような凹凸はない。

M 第17話「乱心」

コカイン密売グループの夕子（伊藤美由紀）を追い、タカとユージが横浜シティ・エア・ターミナルへ向かう。ターミナルの跡地には、現在は「Horizon Japan International School」が建っている。

M 第16話「異変」

指令室から、京浜運河で溺死体が発見されたという通報を受けたタカとユージは現場へと向かう。実際の京浜運河は大黒ふ頭付近だが、撮影場所となったのは中央卸売市場のポートサイドだった。

🏠 神奈川県横浜市神奈川区星野町4

現在はほとんど使用される ことのなくなった貨物駅

貨物線・高島線の貨物駅として、1924年に開業した東高島駅。隣接する運河からの荷をクレーンなどによって仕分ける作業場として機能する臨港貨物駅だったが、貨物の取り扱いの廃止に伴い、現在は根岸線との接続に使われる信号場に。レールもほとんどが撤去されてしまい、その跡地は月極駐車場となっている。

🅜 第12話「突破」

店の客と犯罪ゲームを楽しむプログラマーの香川（遠藤憲一）は、司令塔となり犯罪を指示していた。銀行強盗をした仲間が、ボートで駅に横付けしたのがここ。劇場版「あぶない刑事」で、タカが犯人に刺され海に落ちるシーンでも使われた。

🅜 第6話「波乱」

タカは、3年前に手の甲を撃ち抜いた男・鹿島（関川慎二）から復讐される。最終決戦となったのは、東高島駅のホームだった。「もっとも」でカオルが警官に男装してタカとユージを迎えに来たシーンをはじめ、第8話、「もっと」第17、19、25話などにも登場している。

ミュージアムやライブホール
大手企業のビルが建ち並ぶ

ドラマ撮影時からは想像もできないほどの発展を遂げた新高島。富士フイルムビジネスイノベーションや日産自動車、SONY といった大手企業の高層ビルが建ち並び、京急ミュージアム、横浜アンパンマンこどもミュージアム、ぴあアリーナMM、KT Zepp Yokohama などの娯楽施設が充実する。

第1話「暴走」

少年・今村明彦（鹿又裕司）は、未成年であることを盾に爆破や殺人などの犯罪を繰り返していた。タカとユージは、今村が20歳の誕生日を迎える前、未成年の間に逮捕しようと試みる。撮影は、現在の横浜メディアタワー付近で行われた。

第46話「脱出」

銀星会組員の三上恵次（倉崎青児）は組の裏帳簿を奪い、組から追われていた。三上は自分に協力させるため、タカをクラブに拉致する。そこへ銀星会が現れ……。劇中ではクラブは本牧となっていたが、ロケ地は現在のみなとみらい5丁目高島中央公園の北側であった。

住 JR 東日本と京急の駅は神奈川県横浜市西区高島 2、東急・横浜高速鉄道・相鉄・横浜市営地下鉄の駅は西区南幸 1

JR・私鉄・地下鉄の各線が集まる日本有数のターミナル駅

京浜急行、東横線、みなとみらい線ほか、合計 6 社が乗り入れる大型ターミナル駅。1 駅に乗り入れる鉄道事業者数としては日本最多だ。また、1 日の平均乗降客数は新宿駅、渋谷駅、池袋駅、大阪・梅田駅に次いで世界第 5 位となっている。駅内は、百貨店や専門店などの商業施設、飲食店が集積する繁華街となっている。

🅜 第 2 話「攻防」

ユージは、銀星会幹部・野口（新海丈夫）と密輸拳銃ブローカー・時田（江角英明）の取引現場を目撃する。野口を追うが、地下駐車場で何者かに射殺されてしまうのだった。写真は、駅の地下へと繋がる通路。今も同じ形で残っている。

第 4 話「逆転」

怪しい男に追われているという少女・美由紀（河合美智子）と知り合うユージ。家出と分かり横浜駅まで送るが……。写真は横浜駅前の「横浜高島屋」。劇場版『あぶない刑事』では、人質となったカオルの救出シーンにも登場。

第 18 話「興奮」

銀行支店長の娘が誘拐された。犯人は身代金の受け渡し場所に横浜駅を指定してきた——。インフォメーションで電話に出るシーンがあるが、ここはかつて「ダイヤモンド地下街」だった場所。後に「相鉄ジョイナス」へと改名された。

改修工事によって水質が向上し、親水護岸が強化された都市河川

横浜市内全域を渡り、横浜港へと流れ込む帷子川。1945年までは耕地のかんがいなどに利用されていたが、後に整備され憩いの場としても人々に親しまれるように。その川沿いには、「ハマボール」（現在は複合施設イアス内で営業）や「かもめ組事務所」といった、「あぶデカ」ファンにはおなじみの建物があった。

第4話「逆転」

赤いバッグを抱えた少女・美由紀（河合美智子）から、尾けられていると助けを求められたユージ。しかし、周囲に怪しい人物はいなかった。その翌日、美由紀が何者かに襲われる。ユージは彼女のバッグが怪しいと睨み、「ハマボール」で美由紀に詰め寄った。写真は、建て替えられる前の「ハマボール」。

第49話「乱調」

親戚の暴力団・かもめ組から金を借りるため、仙台から来た瀬川（荒川亮）と奈美（石崎文也）。しかし事件に巻き込まれてしまう。写真はハマボール裏手の、『かもめ組事務所』として使われたビル。現在は、「ファミリーマート」＆「牛角」に。

第3話「挑発」

強盗傷害容疑で逮捕した新庄（三上勝司）が、タカとユージの目の前で狙撃された。事件解明のため、タカは新庄の元彼女の麗子（吉宮君子）の勤め先を訪ねる。写真はハマボール裏手の「横浜西口加藤ビル」。現在も撮影時とほぼ変わらない。

「Bar StarDust」⑪神奈川県横浜市神奈川区千若町 2-1　⑳17:00 ～ 1:00（⑩24:30）
「BAR POLESTAR」⑪神奈川県横浜市神奈川区千若町 2-1-4　⑳17:00 ～ 1:00　☎045-441-1017

ハマの歴史と共に瑞穂ふ頭のほとりで明かりを灯し続けるバー

1950 年代から営業している、隣接した 2 軒のバー。開店当時から大きな変化がなく、ここだけ時が止まったかのようだ。「あぶない刑事」「西部警察」などのドラマや映画のほか、サザンオールスターズ「匂艶THE NIGHT CLUB」、ゴールデンボンバー「女々しくて」の PV のロケ地としても知られる。

🅜 第8話「秘密」

最近起きている事件の情報源が『ハマインフォメーション』だと判明。そして金塊密輸犯が、「StarDust」のバーテンだと突き止める。タカとユージ、そしてパパは店に向かう。

🅜 第25話「一気」

強盗犯・仁（倉崎青児）が「StarDust」へ逃げ込み、ユージも追って店内へ！　ユージと仁の立ち回りでは、「StarDust」名物のジュークボックスが。現在は別型に。

第7話「標的」

港署に殺人予告のビデオテープが届き、ターゲットは婦人警官であることが判明。予告通りに婦警は狙撃され、「POLESTAR」で婦警を人質に立てこもっている男がいるとの通報が入り、捜査課メンバーが急行する。店内での大立ち回りのシーンから、当時の内装がよくわかる。

第2話「救出」

銀行強盗犯を追うトオルだったが、反対に拉致されてしまう。犯人はトオルと引き換えに5000 万を要求するのだった。犯人のアジトに使われたのが「POLESTAR」だ。

第21話「決着」

銀星会が出入りする「POLESTAR」へ向かう、フィリピン人のマリア（佐々木美須加）。マリアは店内にいた銀星会の松永（田辺年秋）と、マスターの児島（山根久幸）に発砲して逃走！

横須賀どぶ板通りの中央に位置する老舗のプールバー

当初はキャバレーとして営業していたが、その後プールバーへとリニューアル。店内では、フーズボールトやビリヤードが楽しめる。下記で紹介した以外にも、「またまた」では暴力団の賭博場兼事務所として登場。ある事情によって拳銃を持てないタカとユージのために、トオルは押収した拳銃をここで2人に渡していた。

第20話「奪還」

銀星会の覚醒剤が強奪された。銀星会系東条会を盗聴すると、犯人は尾崎だと判明する。尾崎の娘・絵理香（伊藤智恵理）に会いに行くタカだったが、銀星会の襲撃を受けて拉致されてしまう。ニュートーキョーは東条会の事務所として登場した。

第46話「脱出」

銀星会の顧問弁護士が殺され、タカは現場から逃げた銀星会組員の三上（倉崎青児）を捜して、幹部の高沢（山本昌平）に会いに行く。しかし、高沢を連れ出そうとするタカは高沢の舎弟に刺されてしまう。本話で銀星会極東支部の事務所として使われたのがニュートーキョーだった。

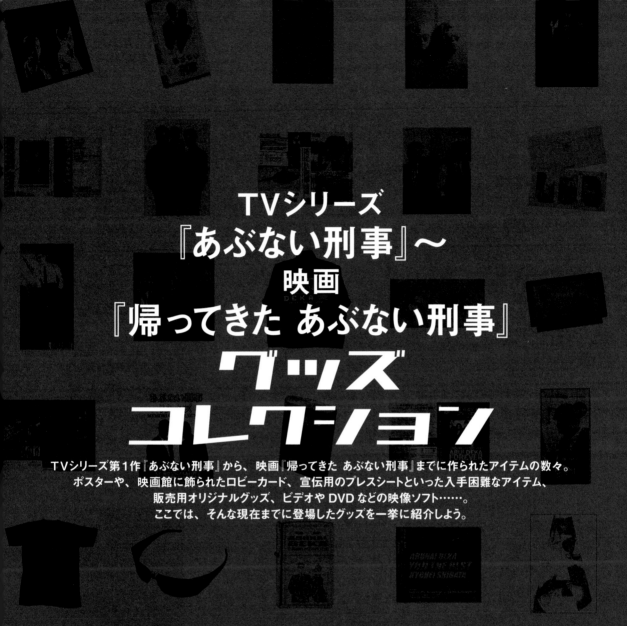

TVシリーズ 『あぶない刑事』〜 映画 『帰ってきた あぶない刑事』 グッズ コレクション

TVシリーズ第1作『あぶない刑事』から、映画『帰ってきた あぶない刑事』までに作られたアイテムの数々。
ポスターや、映画館に飾られたロビーカード、宣伝用のプレスシートといった入手困難なアイテム、
販売用オリジナルグッズ、ビデオや DVD などの映像ソフト……。
ここでは、そんな現在までに登場したグッズを一挙に紹介しよう。

| 参照にあたって

発行元、販売元は当時の名称を記載、各作品ページ内の分類項目については以下のとおり
POSTER：劇場版宣伝用の非売品ポスター　PRESS SHEET：マスコミへ配布された非売品の宣伝用資料　FLYER：劇場公開時の宣伝チラシ（ソフト発売、イベント上映などの告知用チラシは一部を除き割愛）　NEWSPAPER ADVERTISEMENT：一部の新聞広告　MAGAZINE ADVERTISEMENT：雑誌掲載広告をセレクト　TICKET：特別鑑賞券、および特典や鑑賞券とセット販売のグッズ　LOBBY CARD：映画館内での展示を目的に作られる場面写真カード　PROGRAM：劇場で販売されたパンフレット　GOODS：基本的に公開当時に販売されたグッズ　BOOK：書籍　MUSIC：レコード、CD など　※映像商品は、VIDEO（VHS）、LD（レーザーディスク）、DVD、BD（ブルーレイ）、PARTWORK（DVD 付き分冊百科）など、メディアごとに分類

価格のないものに関しては絶版、廃盤等につき取り扱いしていません。弊社および、各出版社や発売元などへのお問い合わせはご遠慮ください。

TVシリーズ『あぶない刑事』

放映期間：1986年10月5日〜1987年9月27日
キー局・放映時間帯：日本テレビ系 毎週日曜日21：00〜21：54

記念すべきシリーズ第1作。放映当時には舘ひろしの主題歌だけでなく、柴田恭兵の挿入歌も大ヒット。また、平成になって発売されたDVDボックスは、高額商品でありながら記録的なセールスとなった。

あぶな
10月5日・日曜 夜9時スタート

4 日本テレビ

MUSIC

タカとユージが歌うエンディングや挿入歌の関連アイテムと、放映期間中にリリースされたサウンドトラックを紹介。

舘ひろし／エンディング・テーマシングル
冷たい太陽
カップリング曲：君故に―My love's gone―
発売日：1986年9月29日、発売元：ファンハウス

舘ひろし／12インチ・シングル
君故に ―My Love's Gone―
(Extended Version)
発売日：1986年11月29日、発売元：ファンハウス
「冷たい太陽(Another Version)」を収録。

柴田恭兵／挿入歌シングル1
ランニング・ショット
発売日：1986年12月21日、発売元：フォーライフレコード
↑シングル盤と同時発売のシングル・カセット。

刑事
８６年秋。
横浜は、非情事（はあどぼいるるど）。

番宣ポスター ※非売品（サイズ：B3W）

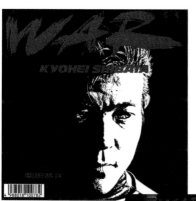

発売日：
1987年4月29日、
発売元：
フォーライフレコード
↓シングル盤と同時発
売のシングル・カセット。

柴田恭兵／挿入歌シングル2
WAR

柴田恭兵／挿入歌収録アルバム
SHOUT（シャウト）

発売日：1987年4月29日　発売元：フォーライフレコード
「FUGITIVE」を収録。右上・LPレコードと同時発売のカセットテープ。
右下・『SHOUT（シャウト）』（CD）　発売日：1987年6月21日

『あぶない刑事
オリジナル・サウンド・トラック』

左・初期デザインのジャケット（LPレコード）
右上・初期デザインのジャケット（CD）
右下・初期デザインのジャケット（カセットテープ）

新装デザインのジャケット
左・LPレコード、右上・CD、
右下・カセットテープ

『あぶない刑事
オリジナル・サウンド・トラック
総集編』

発売日：1987年6月3日、発売元：EPIC・ソニー
上・LPレコード　右上・カセットテープ　右下・CD

NOVEL

名場面を追体験できる数少ないアイテムがノベライズ（小説本）。発行日に注目すると、放映を追いかけるように毎月発売されており、さながら"月刊あぶない刑事"といった感じ。また、一部は放映と異なる掲載順でもあった。全て廃盤

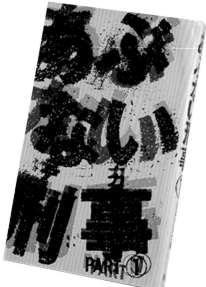

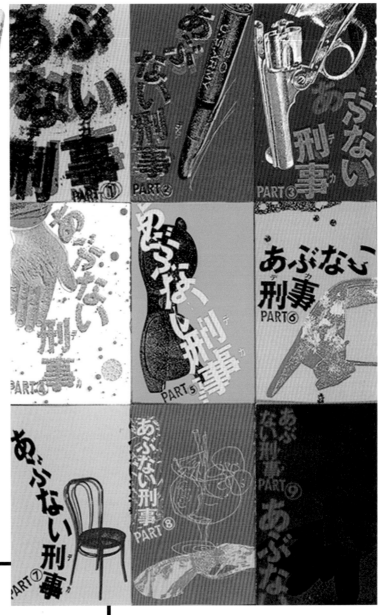

『あぶない刑事 ベストセレクション』

発行日：2016年1月
収録話：第3、6、19、37、41話
『あぶない刑事』30周年と映画『さらば あぶない刑事』の公開時期に、柏原寛司による脚本回をセレクト収録したノベライズ。全9巻は電子書籍として販売。

MUSIC

伝説のアクションドラマ音楽全集
『あぶない刑事 ミュージック ファイル』

発売日：1992年9月21日
発売元：バップ
放映当時に発売されたサントラ盤に未収録だったBGMの初商品化。総収録曲数全24トラック56曲。

『あぶない刑事』PART①～⑨

著者："あぶない刑事"脚本家グループ、発行：日本テレビ

①発行日：1987年2月14日　収録話：第1～5話
②発行日：1987年3月17日　収録話：第7～9、11話
③発行日：1987年4月12日　収録話：第12、15、17～19話
④発行日：1987年5月17日　収録話：第20～22、24、26話
⑤発行日：1987年6月15日　収録話：第25、27～29、30話
⑥発行日：1987年7月25日　収録話：第31、32、34、35話
⑦発行日：1987年8月18日　収録話：第33、37～39、40話
⑧発行日：1987年9月17日　収録話：第41～45話
⑨発行日：1987年10月8日　収録話：第46、48～51話

VIDEO

毎月2巻ずつ発売された、ビデオカセット（VHS）。
各巻3話収録で、第36話までがビデオ化された。全12巻

VHS商品宣伝用
テレホンカード（非売品）

VHS『あぶない刑事』VOL.1〜12　発売日：1994年4月〜9月　発売元：東映ビデオ

全話収録のレーザーディスクのBOX。
各巻にはブックレットが封入されていた。全3巻

LD

『あぶない刑事 港署全事件簿 FILE1』
発売日：1994年12月1日
発売元：バップ

『あぶない刑事 港署全事件簿 FILE2』
発売日：1995年3月20日　発売元：バップ

『あぶない刑事 港署全事件簿 FILE3』
発売日：1995年7月1日　発売元：バップ

LD-BOX全3巻購入者特典の復刻台本2冊。

DVD

平成に入り発売されたDVDBOX。完売後には、単品DVDも発売された。
単品は、各巻ともにBOX内と同様のジャケットによる各2枚組としてリリース。

左:『あぶない刑事 BOX 1』
発売日：2003年9月21日、発売元：東映ビデオ
※第1話〜第26話を収録

右:『あぶない刑事 BOX 2』
発売日：2004年1月21日、発売元：東映ビデオ
※第27話〜第51話を収録

右:【単品】
『あぶない刑事
VOL.1〜6』
各1万290〜
1万780円(税込)

BD

画質が向上したブルーレイ版。
フィギュア無しの通常盤は現在も販売中。

【完全予約限定生産】『あぶない刑事Blu-rayBOX VOL.1 タカフィギュア付き』
発売日：2022年9月14日　発売元：東映ビデオ　※第1話〜第26話を収録。第20話「奪還」の復刻台本と特製アウターケース付き。
【通常盤】あぶない刑事 Blu-ray BOX VOL.1 3万800円(税込)　初回特典として、第20話復刻台本と特製アウターケース付き

『あぶない刑事Blu-rayBOX
VOL.2』

Blu-ray BOX 発売記念グッズ
発売元：東映ビデオ

シルエット・スマホスタンド

シルエット・キーホルダー

シルエット・マグカップ

シルエット・クッション

シルエット・アクリルスタンド

シルエットステッカー

「あぶない刑事1st & Final エピソードDVD」

PPV（ペイパービュー方式）DVD

発売日：2009年1月、発売元：東映ビデオ

DVDには第1、51話を収録。ペイパービュー方式により、第4、39、41、42、45、50話を視聴できた。

『あぶない刑事 DVD Collection vol.1』

発売日：2015年10月7日、発売元：東映ビデオ

第1話～第26話を収録。

『あぶない刑事 DVD Collection vol.2』

発売日：2015年11月11日、発売元：東映ビデオ

第27話～第51話を収録。

※『さらばあぶない刑事』の公開に合わせてリリースされた全話収録DVD BOX。

各1万9800円

『あぶない刑事 全事件簿 DVDマガジン』

Vol.1～25

発売日：2012年8月28日～2013年7月30日

発売元：講談社

25周年を記念して、隔週刊で発売された。全25巻

『あぶない刑事 全事件簿 DVDマガジン』専用バインダー

全巻購入者特典「あぶデカ港署公認オリジナル手帳」

PART WORK

各エピソードを収録したDVDとマガジンをセットにした分冊百科。

『あぶない刑事 DVDコレクション』

2024年5月21日から発売されているパートワーク。創刊号490円 2号以降1990円（税込） 全34巻

発売元：デアゴスティーニ

左から全巻購入者特典「オリジナルピンバッジ」、2024年7月22日までに定期購読申込み特典「カーステッカー」、定期購読に毎号+640円で貰える「特製DVDラック」。

TV PROMOTION

2018年10月5日から、HDリマスター版のTV（日テレプラス）初放送を記念したアイテム 横浜駅、桜木町駅、各区役所で配布。

あぶない刑事 横浜ロケ地MAP

GOODS COLLECTION

TVシリーズ『もっと あぶない 刑事』

放映期間：1988年10月7日〜1989年3月31日

キー局・放映時間帯：日本テレビ系 毎週金曜日20：00〜20：54

前作終了後に公開された映画2作品の大ヒットを経て放映されたTVシリーズ第2作。
あぶ刑事ブームの真っ只中で、宣伝用として作られた非売品のアイテムも多数登場した。
また、テレカの種類の豊富さも時代を感じさせる。

番宣ポスター（サイズ：B全）

宣伝用テレカ（2種類）

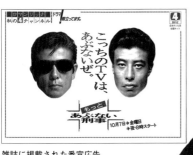

雑誌に掲載された番宣広告

スタッフ用ジャンパー

番宣下敷き
日本テレビ発行の広報誌『うわさのテレビ』付録

こっちのTVは、あぶないぜ。

もっと
あぶない
刑事
10月7日・金曜日➡夜・8時スタート

電車内中吊りポスター

MUSIC

エンディング・テーマ「翼を拡げてー OPEN YOUR HEART ー」
（舘ひろし）は、映画『またまた あぶない刑事』のページに掲載。

柴田恭兵／挿入歌シングル
TRASH

カップリング曲：Dark Side of Moon
※「Dark Side of Moon」は第19話、第23話に使用。
発売日：1988年11月16日　発売元：フォーライフレコード
レコード、CD、カセットテープ同時発売

シングル・カセット。A
B面各曲のオリジナル・
カラオケも収録。

8㎝CDシングル。
オリジナル・カラオケは未収録。

『もっと あぶない刑事 オリジナル・サウンド・トラック』

LPレコード
発売日：1988年12月14日　発売元：フォーライフレコード
LPレコード、CD、カセットテープ同時発売

CD

カセットテープ

伝説のアクションドラマ
音楽全集
『もっと あぶない刑事 ミュージックファイル』

発売日：1992年9月21日
発売元：バップ
初回放映当時のサントラ盤に未収録だったBGMの初商品化CD。第1シリーズのBGMのほか、
映画版『あぶない刑事』の一部楽曲を収録。総収録曲数全18トラック35曲。

NOVEL

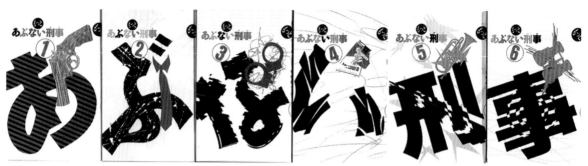

『もっとあぶない刑事 テレビ小説』①〜⑥

原作：もっとあぶない刑事 脚本家グループ　発行：日本テレビ
①発行日：1988年12月9日　収録話：第1〜4話　②発行日：1989年1月17日　収録話：第5〜8話
③発行日：1989年2月16日　収録話：第9〜11、14話　④発行日：1989年3月17日　収録話：第12、13、15、16話
⑤発行日：1989年4月17日　収録話：第17〜20話　⑥発行日：1989年5月18日　収録話：第21〜25話
※発行日は奥付に記載のもの

CALENDAR

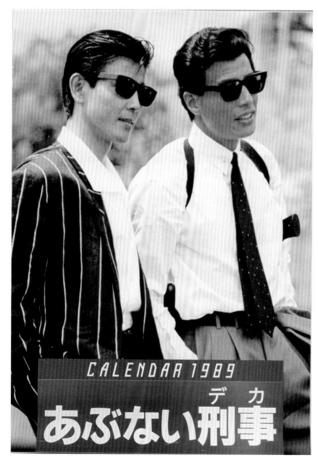

『あぶない刑事 CALENDAR 1989』非公式グッズ

VIDEO

映像商品は初回放映終了から約6年を経て発売された。

VHS『もっとあぶない刑事』VOL.1〜4

発売日：1995年12月8日〜1996年3月21日　　発売元：東映ビデオ
全4巻によるセレクト収録。
第1巻：第1話「多難」＋第2話〜第25話予告編　第2巻：第2話「攻防」、第5話「争奪」、第9話「乱脈」
第3巻：第13話「代償」、第17話「乱心」、第18話「魅惑」　第4巻：第19話「役得」、第23話「心痛」、第25話「一気」

LD

全話収録のレーザーディスクセット。全2巻

『もっとあぶない刑事 YOKOHAMA BAY BOX I』

発売日：1995年12月1日
発売元：バップ
LD6枚組／12P解説ブックレットを封入
収録話数：第1話〜第12話

『もっとあぶない刑事 YOKOHAMA BAY BOX II』

発売日：1996年3月1日
発売元：バップ
LD6枚組／12P解説ブックレットを封入
収録話数：第13話〜第24話

DVD

『もっと あぶない刑事 DVD BOX』
発売日：2004年6月21日　発売元：東映ビデオ　全25話を収録。

DVD BOX完売後に単品DVDが発売。各巻共にBOX内と同様のジャケットによる2枚組としてリリース。

『もっと あぶない刑事 vol.1』
発売日：2005年12月9日

『もっと あぶない刑事 vol.2』
発売日：2006年1月21日

『もっと あぶない刑事 vol.3』
発売日：2005年2月21日

『もっと あぶない刑事 1st ＆ Final
エピソードDVD』PPV（ペイパービュー方式）DVD
発売日：2009年11月　発売元：東映ビデオ
※DVD本体には第1話、第25話を収録。
ペイパービュー方式により、第5話、第6話、第11話、第15話、
第18話、第24話を視聴可能。

『もっと あぶない刑事
DVD Collection』
発売日：2015年12月9日　発売元：東映ビデオ
『さらば あぶない刑事』の公開に合わせてリリースされた
DVD BOX。全25話を収録。

PARTWORK

あぶない刑事 全事件簿DVDマガジン増刊
『もっと あぶない刑事 全事件簿 DVD マガジン』Vol.1〜12
発売日：2013年8月9日〜2014年1月14日　発売元：講談社　Vol.1のみ3話収録。以降は2話ずつ収録。

BD

【完全予約限定生産】
『もっと あぶない刑事 Blu-ray BOX ユージフィギュア付き』
発売日：2021年8月27日
発売元：東映ビデオ
※全25話を収録。封入特典は第6話「波乱」の復刻台本。
【通常盤】『もっと あぶない刑事 Blu-ray BOX』 3万800円（税込）

映画『あぶない刑事』

封切日：1987年12月12日

徐々に人気が高まってきたTVシリーズが1987年9月に放映終了し、その約3ヵ月後に
ロードショー公開された劇場版第1作。「あぶデカ」ブームを決定的なものにした。サン
トラ盤は約10万枚という、当時の日本映画のサントラとしては高セールスをあげた。

POSTER

B2サイズポスター
（スタジオでのフォトセッションによる写真）

B2サイズポスター（TVシリーズの写真を使用した初期のもの）

B2サイズポスター（ロケによるスチール写真）

マスコミ配布用プレスシート
（B4サイズ三つ折り）

PRESS SHEET

FLYER

劇場配布チラシ（同時上映作品との二つ折り）

NEWSPAPER ADVERTISEMENT

掲載紙：1987年10月16日（金）　読売新聞夕刊

掲載紙：
1987年11月27日（金）
読売新聞夕刊

掲載紙：
1987年12月4日（金）
読売新聞夕刊

掲載紙：
1987年11月27日（金）
朝日新聞夕刊

掲載紙：
1987年12月11日（金）
毎日新聞夕刊

掲載紙：
1987年12月11日（金）
読売新聞夕刊

日本テレビ「金曜ロードショー特別企画」
として、1989年4月7日に初放映され
た時の番宣下敷き。日本テレビの非売品
広報誌『うわさのテレビ』の付録。

TICKET

前売特別鑑賞券（半券）

特別鑑賞券特典の
B2ポスター

特別鑑賞券とセット販売の
「あぶ刑事テレホンカード」

第1弾

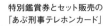

第2弾

第3弾

LOBBY CARD

劇場に配られ、ロビーなどに貼られていた場面カード。
B4サイズ。

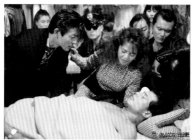

PROGRAM

劇場販売パンフレット

GOODS

柴田恭兵ラミネートカード

柴田恭兵タペストリー

仲村トオル下敷き。同じ写真によるテレカもあった

柴田恭兵下敷き

BOOK

『あぶない刑事 シナリオ写真集』

発行日：1987年11月1日　発行：ワニブックス

MUSIC

『あぶない刑事 サウンド・トラック』

発売日：1987年12月5日
発売元：ファンハウス
LPレコード、カセットテープ、
CDの3タイプが同時発売。

イメージ・ソング

再会のJoker／ 鎌田英子

カップリング曲：Chase You Down
発売日：1987年11月25日
発売元：ファンハウス

初リリースビデオカセットを購入した人にプレゼントされた特典の壁掛け時計。

VIDEO

『Taka & Yuji オレたち要注意人物 あぶない刑事 ファッショナブル ワンダーランド』

発売日：1988年2月12日
発売元：東映ビデオ
45分のメイキング映像集。
後年発売のDVD、Blu-rayに特典映像として収録。

ビデオカセット（初リリース版）
レンタル開始日：1988年6月10日
発売日：1988年6月24日　発売元：東映ビデオ

ビデオカセット（再リリース版）
発売日：1997年7月21日
発売元：東映ビデオ

LD

レーザーディスク（初リリース盤）
発売日：1988年6月24日
発売元：東映ビデオ

レーザーディスク（再リリース盤）
発売日：1995年5月21日
発売元：東映ビデオ

VHD

発売元：東映ビデオ
1988年、レーザーディスクと同時期に発売。左下はジャケットの裏面、右下はカートリッジ本体。

DVD

発売日：2002年9月21日　発売元：東映ビデオ　価格：3080円
〈"東映 ザ・定番"シリーズ〉として2013年11月1日に再発売。

BD

発売日：2012年9月21日　発売元：東映ビデオ　価格：3300円
※『さらば　あぶない刑事』公開時の2016年1月6日に価格変更再発売。

PARTWORK

『劇場版 あぶない刑事
全事件簿DVDマガジン』
VOL.1
発売日：2014年1月28日
発売元：講談社

『特典映像付き
劇場版 あぶない刑事 全事件簿
DVDマガジン』VOL.1〜7
発売日：2016年1月27日　※Vol.1〜7同時発売
発売元：講談社

TVシリーズから続刊の後、『さらば　あぶない刑事』の公開時期に表紙変更し、特典映像を追加して再発売。

映画『またまた あぶない刑事』

封切日：1988年7月2日

大ヒットした劇場版第1作から7ヶ月後、夏休み時期にロードショー公開された劇場版第2作。
10月からの『もっと あぶない刑事』放映開始も発表され、あぶ刑事ブームがピークを迎える。
劇場販売グッズに警察手帳を模した「あぶ刑事手帳」など初登場の品目も増えた。

B全ポスター（ロケ・スチール）

POSTER

B全ポスター（初期版）

B全ポスター（ロケ・スチール2）

B全ポスター（スタジオでのフォトセッション）

PRESS SHEET

FRONT

BACK

マスコミ配布用プレスシート
（第1弾　A4サイズ）

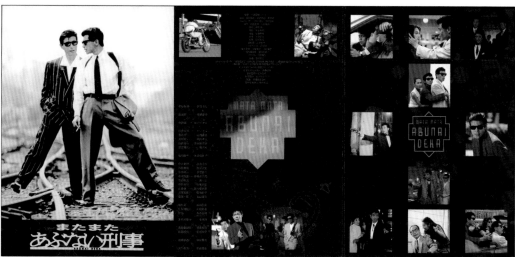

FRONT

BACK

マスコミ配布用プレスシート（第2弾　B4サイズ）

FLYER

劇場配布チラシ（同時上映作品
『・ふ・た・り・ぼ・っ・ち・』との二つ折り）

TICKET

前売特別鑑賞券（半券）

特別鑑賞券特典の
B2ポスター

NEWSPAPER
ADVERTISEMENT

掲載紙：1988年6月17日（金）朝日新聞夕刊

掲載紙：1988年6月24日（金）読売新聞夕刊

掲載紙：1988年7月1日（金）朝日新聞夕刊

掲載紙：1988年7月1日（金）毎日新聞夕刊

掲載紙：1988年7月1日（金）読売新聞夕刊

LOBBY CARD

映画館内に展示された
ロビーカード5点。
B4サイズ

PROGRAM | GOODS

またまた
あぶない刑事

劇場販売パンフレット

テレホンカードセット

カセット・インデックス

柴田恭兵、舘ひろし、
仲村トオル B2ポスター

舘ひろし＆柴田恭兵
菊全判サイズポスター

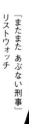

『またまた あぶない刑事』
リストウォッチ

あぶ刑事手帳

『またまた あぶない刑事』ジャンパー

『またまた あぶない刑事』Tシャツ

BOOK

『またまた あぶない刑事 シナリオ写真集』

シナリオ集
発行日：1988年6月1日　発行：ワニブックス

『またまた あぶない刑事』

ガイドブック
発行日：1988年6月1日
編集・発行：日本テレビ

MUSIC

舘ひろし / エンディング・テーマシングル
翼を拡げて -OPEN YOUR HEART-

カップリング曲：MISTY WOMAN　発売日：1988年4月1日　発売元：ファンハウス
シングルレコード、8cmCDシングル、シングルカセットの3点が同時発売

柴田恭兵 / 挿入歌シングル
GET DOWN

カップリング曲：BAD DREAMS
発売日：1988年6月29日　発売元：フォーライフ
シングルレコード、8cmCDシングル、シングルカセット
の3点が同時発売

『またまたあぶない刑事 オリジナルサウンドトラック』

発売日：1988年7月1日　発売元：ファンハウス
LPレコード、カセットテープ、CDの3タイプが同時発売

VIDEO

販促用ポケット
ティッシュ

『タカ＆ユージ スクランブル・パーティをアゲイン
メイキング・オブ またまた あぶない刑事』
発売日：1988年8月26日　発売元：東映ビデオ
45分のメイキング映像集。後年発売のDVD、Blu-rayに特典映像として収録

初リリース版
レンタル開始日：1989年1月13日
発売日：1989年1月27日　発売元：東映ビデオ

再リリース版
発売日：1997年7月21日
発売元：東映ビデオ

PARTWORK

『劇場版 あぶない刑事
全事件簿
DVDマガジン』
Vol.2

発売日：2014年2月10日
発売元：講談社

『特典映像付き
劇場版 あぶない刑事
全事件簿
DVDマガジン』Vol.2

発売日：2016年1月13日
発売元：講談社
『さらば あぶない刑事』の公開に合わせて、表紙変更、特典映像を追加して再発売

LD

初リリース版
レンタル開始日：1989年1月13日
発売日：1989年1月27日　発売元：東映ビデオ

再リリース盤
発売日：1995年5月21日　発売元：東映ビデオ

DVD&BD

発売日：2002年9月21日
発売元：東映ビデオ　¥3080
〈"東映ザ・定番"シリーズ〉として2013年
11月1日に再発売。

発売日：2012年9月21日
発売元：東映ビデオ　¥3300
※『さらば あぶない刑事』公開直前の
2016年1月6日に価格変更再発売

映画『もっとも あぶない刑事』

封切日：1989年4月22日

『もっと あぶない刑事』最終回の予告ナレーションでタイトルが告知された劇場版第3作。過去作の観客動員数の多さからか、初めて併映作品のない単独ロードショーになった。音楽メディアの転換期でレコードの発売がなくなったほか、本作を題材にしたファミコンソフトが発売されたのもこの時代の特徴。

POSTER

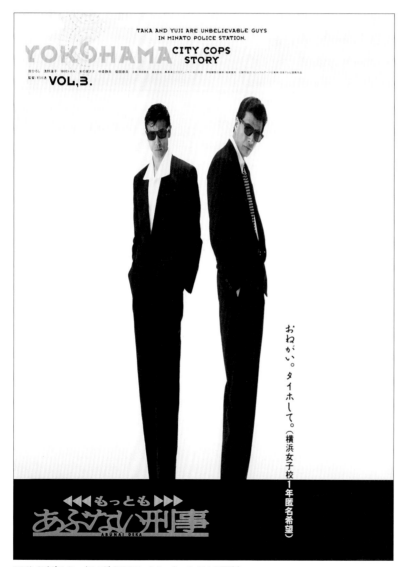

B2サイズポスター（スタジオでのフォトセッションによる写真）

B2サイズポスター（ロケによるスチール写真）

B2サイズポスター（スタジオでのフォトセッションによる写真）

PRESS SHEET

マスコミ配布用
プレスシート
B4サイズ

FLYER

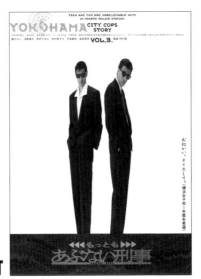

劇場配布チラシ

FRONT

BACK

NEWSPAPER ADVERTISEMENT

掲載紙：1989年3月31日（金）　朝日新聞夕刊

掲載紙：1989年4月14日（金）　読売新聞夕刊

掲載紙：1989年4月21日（金）　読売新聞夕刊

掲載紙：1989年4月21日（金）　朝日新聞夕刊

掲載紙：1989年4月14日（金）　朝日新聞夕刊

掲載紙：1989年4月7日（金）　朝日新聞夕刊

TICKET

前売特別鑑賞券（半券）

特別鑑賞券とセット販売のテレカ（第1弾）

特別鑑賞券とセット販売のテレカ（第2弾）

特別鑑賞券特典のB2サイズポスター

LOBBY CARD

映画館内に展示された
ロビーカード7点。B4
サイズ

GOODS

映画館内物販及び
通信販売グッズ

PROGRAM

劇場販売パンフレット

テレホンカード4枚セット
台紙に入った状態と取り出した4枚。

GOODS

カセット・インデックス

B2サイズポスター
舘ひろしの他、柴田恭兵、仲村トオルの単独ポスターもあった。

ジャンパー

Tシャツ

ポスターセット
映画1作目〜3作目の宣伝用ポスター5枚とプレッシート3種を劇場のみで販売。5000セット限定だった。

BOOK

『もっともあぶない刑事
シナリオ写真集』
発行日：1989年4月17日
発行元：ワニブックス

『ハードボイルド絵巻
もっともあぶない刑事』
発行日：1989年4月22日
編集・発行：日本テレビ

『あぶない刑事メモリー』
発行日：1989年7月20日
編集・発行：日本テレビ
『もっとも〜』の公開直後に発行されたファン投稿、キャスト、スタッフインタビューなどを掲載したメモリアル本。

MUSIC

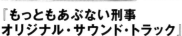

『もっともあぶない刑事
オリジナル・サウンド・トラック』
発売日：1989年4月22日　発売元：ファンハウス
CDとカセットテープが同時発売

エンディングテーマ
舘ひろし
夜を抱きしめて

カップリング曲：幻想
発売日：1989年5月1日
発売元：ファンハウス
8cmCDシングルとシングルカセットが同時発売

GAME

ファミリー
コンピュータ
もっとも
あぶない刑事

発売元：東映動画

販促物として配
布された使い捨
てカイロ

ショップ用スタンディー
（立て看板）

ショップ用
カウンターPOP

VIDEO

『メイキング・オブ・
もっとも あぶない 刑事
タカ＆ユージ
3度目のジョーク』

発売日：1989年7月
発売元：東映ビデオ
45分のメイキング映像集。
後年発売のDVD、Blu-ray
に映像特典として収録。

ビデオカセット
（初リリース版）
発売日・レンタル開始日：
1989年12月28日
発売元：東映ビデオ

ビデオカセット（再リリース版）
発売日：1997年7月21日
発売元：東映ビデオ

DVD &BD

発売日：2002年9月21日　価格：3080円（税込）
〈"東映ザ・定番"シリーズ〉として2013年11月1日に
再発売。発売元：東映ビデオ

発売日：2012年9月21日
『さらば あぶない刑事』公開直前の
2016年1月6日に価格変更再発売
価格：3300円（税込）
発売元：東映ビデオ

PARTWORK

発売元：講談社

発売日：2014年2月25日

『劇場版 あぶない刑事
全事件簿
DVDマガジン』
Vol.3

発売元：講談社

発売日：2016年1月13日

『さらば あぶない刑事』の公開に合わせて、
表紙変更、特典映像を追加して再発売

『特典映像付き 劇場版
あぶない刑事 全事件簿
DVDマガジン』
Vol.3

LD

発売元：東映ビデオ

発売日：1989年12月28日

レーザーディスク（初リリース盤）

発売元：東映ビデオ

発売日：1995年5月21日

レーザーディスク（再リリース盤）

映画『あぶない刑事リターンズ』

封切日：1996年9月14日

『もっともあぶない刑事』から約7年後に公開された映画第4作。本作から映画館内に飾られるロビーカードが廃止になり、音楽メディアの変化によってカセットテープの発売がなくなるなど時代の変化が感じられる。

POSTER

人生、腹の立つこともあるけれど、あぶデカが戻ってくることもある。

B2サイズポスター（スタジオでのフォトセッションによる写真）

B2サイズポスター（シルバー）

PRESS SHEET

FRONT

BACK

マスコミ配布用プレスシート（第1弾／A4サイズ）

FRONT

BACK

マスコミ配布用プレスシート（第2弾／A4サイズ）

PROMOTION RENTAL VIDEO

『あぶない刑事リターンズ シークレットファイル 未公開調書』

ビデオレンタル店での無料貸出ビデオ
約15分収録
下は無料貸出ビデオなどと劇場公開の告知を兼ねたポスター。

FLYER

劇場配布チラシ

FRONT

BACK

ADVERTISEMENT | TICKET

掲載紙：1996年8月30日（金）
読売新聞夕刊

掲載紙：1996年9月13日（金）
読売新聞夕刊

掲載紙：1996年9月13日（金）　朝日新聞夕刊

掲載誌：『キネマ旬報』（キネマ旬報社）1996年9月下旬号
二つ折りピンナップ形式の広告

前売特別鑑賞券（半券）

特別鑑賞券特典のステッカー　上・表面、下・裏面

特別鑑賞券とセット販売のテレカ

PROGRAM | GOODS

劇場販売パンフレット

キャップ（帽子）
後部にもタイトルの
刺繍入り

ネオンクロック
（置時計）

灰皿缶

ステンレスマグカップ

IDカプセルキーホルダー

ピンズ

ライト＆レンズキーホルダー

Tシャツ
関係者だけに配られた非売品

Tシャツ
（フリーサイズ）

テレホンカード（2種）

GOODS

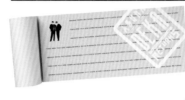

一筆箋（メモ帳）
タテ型とヨコ型の２種類

シャープ＆ボールペン

BOOK

発行：日本テレビ
発行日：1996年9月16日
『小説 あぶない刑事リターンズ アドリブ完全版』

編集・発行：日本テレビ
発行日：1996年9月24日
『あぶない刑事リターンズ MEMORIAL COLLECTION』

MUSIC

**あぶない刑事リターンズ
オリジナル・サウンドトラック**
発売日：1996年9月4日
発売元：ファンハウス
本作よりCDアルバムのみの発売

柴田恭兵／挿入歌シングル
RUNNING SHOT

カップリング曲：WAR
両曲ともアルバム『SHOUT』に収録のMIX。
オリジナル・カラオケも収録
発売日：1986年8月21日
発売元：フォーライフレコード
8cmCDシングルのみの発売

舘ひろし／エンディング・テーマシングル
冷たい太陽
～New Blood Version～

カップリング曲：Because
冷たい太陽～NEW BLOOD VERSION～［TV MIX］
（＝オリジナル・カラオケ）
発売日：1996年8月21日
発売元：ファンハウス
8cmCDシングルのみの発売

VIDEO

ビデオカセット
（再リリース版）
発売日：1997年7月21日
発売元：東映ビデオ
特典映像：『あぶない刑事リ
ターンズ シークレットファイ
ル 未公開調書』

東映ビデオ作成のビ
デオカセット宣伝販
促用テレホンカード

LD

短縮編集した『あぶない刑事リターンズ シークレットファイル 未公開調書』と劇場予告を特典映像として収録

発売元：バップ

発売日：1997年3月20日

DVD

発売日：2002年12月21日　発売元：バップ　価格：4950円（税込）
特典映像：『あぶない刑事リターンズ シークレットファイル 未公開調書』、劇場予告、フォトギャラリーほか

BD

発売日：2012年9月21日
発売元：バップ
特典映像：スタッフ座談会（丸山昇一×柏原寛司×一倉治雄）
劇場版全6作品予告編集
※『さらば あぶない刑事』公開直前の2016年1月6日に価格変更再発売。
価格：3300円（税込）

PARTWORK

発売元：講談社

発売日：2014年3月11日

『劇場版 あぶない刑事
全事件簿
DVDマガジン』
Vol.4

表紙変更、『さらば あぶない刑事』のメイキング映像を追加して再発売

発売元：講談社

発売日：2016年1月20日

『特典映像付き 劇場版
あぶない刑事 全事件簿
DVDマガジン』
Vol.4

TVスペシャル『あぶない刑事フォーエヴァー TVスペシャル'98』

放映日：1998年8月28日

劇場版『あぶない刑事フォーエヴァー THE MOVIE』

封切日：1998年9月12日

『あぶない刑事リターンズ』の公開から約2年後、当時の感覚としては意外と早く帰ってきた第5作。TVスペシャルが劇場版で完結するという「あぶデカ」史上初の試み。グッズは、クリアファイルやマウスパッドなどの実用品が増加した。

POSTER

電車内掲出用の中吊りポスター

B2サイズポスター

FLYER

劇場配布チラシ

PRESS SHEET

マスコミ配布用プレスシート。A4サイズ

MAGAZINE ADVER TISEMENT

掲載誌：『キネマ旬報』（キネマ旬報社）
1998年8月下旬号
二つ折りピンナップ形式の広告

NEWS PAPER ADVERTISEMENT

掲載紙：1998年8月28日（金）
読売新聞夕刊

掲載紙：1998年8月28日（金）
スポーツニッポン

掲載紙：1998年8月28日（金）　朝日新聞夕刊

掲載紙：1998年9月11日（金）　朝日新聞夕刊

掲載紙：1998年9月11日（金）　読売新聞夕刊

TICKET

特別鑑賞券特典の1万枚限定ポスター

特別鑑賞券（半券）

PROGRAM

劇場販売パンフレット

GOODS

メモリアル テレカ
5枚セットと台紙
の外側

ポストカード
セット

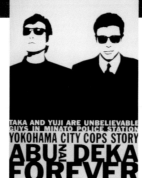

マルチレザーテレホンカード
A（タテ）とB（ヨコ）の2種類別売り

ポスター

クリアファイル　表面と裏面

ZIPPOライター

下敷き

ピンバッジ

マウスパッド　下は裏面

Tシャツ（フリーサイズ）

キャップ

ボールペン

あぶ刑事手帳メモ
表紙と中ページ

ナップザック

パスケース

キーホルダー

マグカップ

フォトフレーム

携帯ストラップ

スタッフブルゾン

ステッカー（2枚セット）

柴田恭兵モデルサングラス
（ソフトケース付き）

BOOK

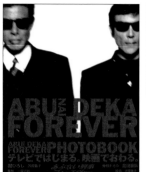

『あぶない刑事フォーエヴァー
PHOTO BOOK』

発行日：1998年8月29日
発行：日本テレビ放送網

CD-ROM

『あぶない刑事フォーエヴァー
デジタル・パンフレット』

発行日：1998年9月10日
総発売元：コシダテック

MUSIC

**『あぶない刑事フォーエヴァー
オリジナル・サウンドトラック』**

発売日：1998年8月26日
発売元：ファンハウス
初期生産分はケースにタイトルを印刷

柴田恭兵／挿入歌シングル
RUNNING SHOT
~SHOTGUN MIX

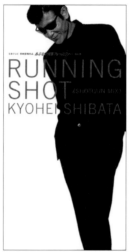

カップリング曲：RUNNING SHOT~HOLD ON MIX
オリジナル・カラオケも収録
発売日：1998年8月21日
発売元：フォーライフレコード

舘ひろし with THE COLTS
／エンディング・テーマシングル
CRY OUT ~泣いていいよ~

カップリング曲：翼を拡げて~OPEN YOUR HEART~
※NEW VERSION
発売日：1998年7月23日
発売元：ファンハウス

SING LIKE TALKING
オープニング・テーマシングル
Firecracker

カップリング曲：Our Dream
発売日：1998年8月21日
発売元：ファンハウスド

**『あぶない刑事 THE MUSIC
オリジナル・サウンドトラック・
コンプリート・ボックス』**

発売日：1998年11月6日　発売元：ファンハウス
本作公開直後に1万セット完全予約限定で発売
劇場版1作目からリターンズまでの4枚組
（各CDとも既発売のアルバムと同じ内容）

VIDEO

東映ビデオ作成のビデオカセット販促用テレホンカード

あぶない刑事フォーエヴァー TVスペシャル'98

ビデオカセット　発売日・レンタル開始：1998年9月2日
発売元：東映ビデオ　レンタル用と販売用が同時発売
販売用は映像特典として予告編とTVスポットバリエーションを収録

あぶない刑事フォーエヴァー THE MOVIE

ビデオカセット（初リリース版）発売日・レンタル開始：1999年3月12日
ビデオカセット（再発売）発売日：1999年7月
発売元：東映ビデオ
ジャケットの表面＆裏面共に、初リリース版と再発版は同一デザインのため写真は再発版を掲載

LD

あぶない刑事フォーエヴァー TVスペシャル'98

発売日：1998年9月2日
発売元：バップ
映像特典としてTVスポット、
劇場予告編計6タイプを収録

あぶない刑事フォーエヴァー THE MOVIE

発売日：1999年3月12日
発売元：バップ
映像特典としてTVスポット、
劇場予告編計6タイプを収録

DVD

あぶない刑事フォーエヴァー TVスペシャル'98

発売日：2002年12月21日
発売元：バップ
価格：¥4950（税込）
映像特典としてフォトギャラリーを
収録

あぶない刑事フォーエヴァー THE MOVIE

発売日：2002年12月21日
発売元：バップ
価格：¥4950（税込）
映像特典としてフォトギャラリーと
劇場予告編を収録

BD

あぶない刑事フォーエヴァー TVスペシャル'98

発売日：2012年9月21日
¥3300（税込）
発売元：バップ

あぶない刑事フォーエヴァー THE MOVIE

発売日：2012年9月21日
¥3300（税込）
発売元：バップ

両タイトルとも特典映像として、スタッフ座談会（丸山昇一、柏原寛司、一倉治雄）と劇場版全6作品予告編集を収録。
※『さらば あぶない刑事』公開直前の2016年1月6日に価格変更再発売。価格は再発売のものを掲載

PARTWORK

『劇場版あぶない刑事 全事件簿DVDマガジン VOL・5』
発売日：2014年3月25日
発売元：講談社

『劇場版あぶない刑事 全事件簿DVDマガジン VOL・6』
発売日：2014年4月8日
発売元：講談社

表紙変更、『さらば あぶない刑事』のメイキング映像を追加して再発売

『特典映像付き 劇場版あぶない刑事 全事件簿DVDマガジン VOL・5』
発売日：2016年1月20日
発売元：講談社

『特典映像付き 劇場版あぶない刑事 全事件簿DVDマガジン VOL・6』
発売日：2016年1月27日
発売元：講談社

モデルカーコレクション

『あぶない刑事』の魅力のひとつでもある名車たち。レパードをはじめ、セドリックやグロリアなど数々の国産車が登場し、ドラマを大いに盛り上げてくれました。ここでは、そんな劇中に登場したクルマのトイを一挙に紹介。覆面パトカーを中心に、被弾バージョンやチョロQなど充実のラインナップだ。

トミーテックと青島文化教材社から、様々なスケールで発売されたミニカー。種類も豊富でコレクション性が高い。

あぶない刑事01 日産GT-R 2014（赤）
2016年2月発売
「トミカリミテッド ヴィンテージNEO」シリーズ
1/64スケール　トミーテック

あぶない刑事02 日産レパード（金）
2016年2月発売
「トミカリミテッド ヴィンテージNEO」シリーズ
1/64スケール　トミーテック

あぶない刑事03 レパード アルティマ ターボ（紺）
2016年3月発売
「トミカリミテッド ヴィンテージNEO」シリーズ
1/64スケール　トミーテック

あぶない刑事04 スカイライン（R34）GT
2016年7月発売
「トミカリミテッド ヴィンテージNEO」シリーズ
1/64スケール　トミーテック

あぶない刑事05 日産レパード（金）
2016年7月発売
「トミカリミテッド ヴィンテージNEO」シリーズ
1/64スケール　トミーテック

あぶない刑事07 日産セドリック（黒）
2016年12月発売
「トミカリミテッド ヴィンテージNEO」シリーズ
1/64スケール　トミーテック

イグニッションモデル T-IG4301 レパード 港303号（金）
2017年1月発売
「イグニッションモデル×トミーテック」シリーズ
1/43スケール　トミーテック

イグニッションモデル T-IG4302 レパード 港3号（紺）
2017年1月発売
「イグニッションモデル×トミーテック」シリーズ
1/43スケール　トミーテック

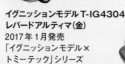

イグニッションモデル T-IG4304 レパードアルティマ（金）
2017年1月発売
「イグニッションモデル×トミーテック」シリーズ
1/43スケール　トミーテック

あぶない刑事06 日産レパード（紺）
2016年7月発売
「トミカリミテッド ヴィンテージNEO」シリーズ
1/64スケール　トミーテック

イグニッションモデル T-IG4305 レパード XS-II（紺）
2017年1月発売
「イグニッションモデル×トミーテック」シリーズ
1/43スケール　トミーテック

イグニッションモデル T-IG1801 レパード アルティマ（金）
2018年8月発売
「イグニッションモデル×トミーテック」シリーズ
1/18スケール　トミーテック

イグニッションモデル T-IG1802 レパード アルティマ（紺）
2018年9月発売
「イグニッションモデル×トミーテック」シリーズ
1/18スケール　トミーテック

イグニッションモデル T-IG1805 さらば あぶない刑事 日産GT-R
2021年5月発売
「イグニッションモデル×トミーテック」シリーズ
1/18スケール　トミーテック

あぶない刑事01 グロリア グランツーリスモSV 港304号
2018年3月発売
「トミカリミテッド ヴィンテージNEO43」シリーズ
1/43スケール　トミーテック

あぶない刑事09 日産セドリック HT V20ターボ SGL（黒）
2021年5月発売
「トミカリミテッド ヴィンテージNEO」シリーズ
1/64スケール　トミーテック

あぶない刑事08 日産グロリア 4ドアHT V20 ツインカムターボ グランツーリスモSV（港304）
2021年10月発売
「トミカリミテッド ヴィンテージNEO」シリーズ
1/64スケール　トミーテック

もっと あぶない刑事 港302
覆面パトカー（ダークブルーツートン）
2009年5月発売
「ダイキャストムービーコレクション
もっとあぶない刑事」シリーズ
1/43スケール　青島文化教材社

またまた あぶない刑事 港3号
覆面パトカー 被弾Ver.
（ゴールドメタリックツートン）
2008年10月発売
「ダイキャストムービーコレクション
もっとあぶない刑事」シリーズ
1/43スケール　青島文化教材社

またまた あぶない刑事 港3号
覆面パトカー
（ゴールドメタリックツートン）
2008年7月発売
「ダイキャストムービーコレクション
もっとあぶない刑事」シリーズ
1/43スケール　青島文化教材社

1/64 あぶない刑事
コレクション
2009年5月発売
ブラインドボックス
1/64スケール
青島文化教材社

あぶない刑事 港303号
覆面パトカー
2007年10月発売
「CCコレクション」シリーズ
1/43スケール
青島文化教材社

レパード 港302 覆面パトカー
2003年3月発売
「CCコレクション」シリーズ
1/43スケール　青島文化教材社

PLASTIC MODEL

青島文化教材社によるプラモデル。『さらば あぶない刑事』
公開の際には、パッケージを変えて再発売された。

さらば あぶない刑事 R35 GT-R
2016年1月発売　1/24スケール　右は、2016年8月発売『さらば あぶ
ない刑事』DVD&Blu-ray発売記念パッケージ　青島文化教材社

さらば あぶない刑事 F31 レパード
2016年1月発売　1/24スケール
右は、2016年8月発売『さらば あぶない刑事』DVD&
Blu-ray発売記念パッケージ　青島文化教材社

あぶない刑事
港303 またあぶVer.
2009年9月発売
1/24スケール
青島文化教材社

あぶない刑事
港302
2009年8月発売
1/24スケール
青島文化教材社

あぶない刑事
港303
2012年8月発売
1/24スケール
青島文化教材社

あぶない刑事
港302 覆面パトカー
2006年12月発売
1/24スケール
青島文化教材社

CHORO-Q

手前に引いて離すと自走する
カートイ「チョロQ」。ほどよ
いデフォルメ加減が、マニア心
をくすぐる。

日産GT-R 2014（赤）
2016年3月発売「チョロQzero」シリーズ
トミーテック

Z02 レパード（金）
2016年2月発売　「チョロQzero」
シリーズ　トミーテック

レパード アルティマ ターボ（紺）
2016年2月発売
「チョロQzero」シリーズ
トミーテック

セフィーロ（緑）
2016年2月発売
「チョロQzero」
シリーズ
トミーテック

グロリア
グランツーリスモSV（黒）
2016年2月発売
「チョロQzero」シリーズ
トミーテック

レパード XS-II（紺）
2016年3月発売
「チョロQzero」シリーズ
トミーテック

レパード アルティマ（金）
2016年3月発売
「チョロQzero」シリーズ
トミーテック

セドリック 港7号
2016年7月発売
「チョロQzero」シリーズ
トミーテック

レパード（紺）港3号
2016年7月発売
「チョロQzero」シリーズ
トミーテック

映画『まだまだ あぶない刑事』

封切日： 2005年10月22日

『あぶない刑事フォーエヴァー THE MOVIE』の衝撃的な結末から約7年後の映画第6作。駅貼りポスターとマスコミ配布用プレスシートの種類はシリーズ中最多。これまで "あぶ刑事" が主流だった略称の表記が、本作は "アブデカ" になっている。

POSTER

B全サイズポスター7種類は、駅構内など場所によってはすべて貼られていた。

電車内掲出用の中吊り

B全サイズポスター
バックライト方式による掲出用に、裏面に図版を
反転させて印刷した両面ポスターもあった。

B全サイズ集合ポスター

B全サイズポスター
（浅野温子）

B全サイズポスター
（舘ひろし）

B全サイズポスター
（柴田恭兵）

B全サイズポスター
（仲村トオル）

B全サイズ
ヒストリーポスター

PRESS SHEET

マスコミ配布用プレスシート（第1弾／A4サイズ4ページ）

マスコミ配布用プレスシート（第2弾／A4サイズ4ページ）

マスコミ配布用プレスシート（第3弾／A4サイズ8ページ）

FLYER

劇場配布チラシ

PROMOTION

『まだまだあぶない刑事 無料貸出DVD あぶ刑事ナビ』 DVDレンタル店での無料貸出DVD

DVDレンタル店用の 劇場告知入りカウンターPOP

MAGAZINE ADVERTISEMENT

掲載誌：『キネマ旬報』（キネマ旬報社） 2005年10月下旬号 二つ折りピンナップ形式の広告

NEWS PAPER ADVERTISEMENT

掲載紙：2005年10月21日（金） スポーツニッポン ※同日の朝日新聞夕刊にも同じデザイン の広告が掲載

掲載紙：2005年10月21日（金） 読売新聞夕刊

宣伝配布用ポストカード4枚セット

TICKET

特別鑑賞券（半券）

特別鑑賞券特典の卓上カレンダー 9月始まりで2006年12月までの両面印刷8枚セット

湘南新宿ラインを使ったプレゼントキャンペーンチラシ

内側は本映画のロケ地マップ

映画館内に飾られたスタンディー（立て看板）

劇場販売パンフレット

PROGRAM

GOODS

通信販売では一部のアイテムを除き、A、B、Cのセットが組まれていた

〈Aセット〉携帯ストラップ2点（発光するパトランプと金属プレート）
メールガードシール

〈Bセット〉手錠キーホルダー、ボールペン、クリアファイル（画像右側が表面）

＜Cセット＞
カードケース
（名刺入れ）
灰皿

Tシャツ

ウィンドブレーカー
拡大部分はフロントと袖

ZIPPOライター

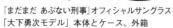

『まだまだ あぶない刑事』オフィシャルサングラス
「大下勇次モデル」本体とケース、外箱

スタッフ用Tシャツ
2005年5月6日、味の素スタジアムロケに
参加したエキストラにも配布

BOOK

『あぶない刑事20年 SCRAPBOOK』

発行日：2005年10月18日

発行：日本テレビ放送網

PASSNET

映画公開記念パスネット

2005年10月22日より横浜市営地下鉄各駅にて限定5000枚を発売

MUSIC

『まだまだ あぶない刑事 オリジナル・サウンドトラック』

発売日：2005年10月19日

発売：BMG JAPAN

舘ひろし エンディング・テーマシングル 貴女と...

カップリング曲：Kissで殺して、冷たい太陽 (another version)、貴女と...(TV MIX)

発売日：2005年10月19日

発売元：BMG JAPAN

＊「冷たい太陽 (another version)」＝1986年発売の12インチシングル「君故に…」収録曲、「貴女と...(TV MIX)」＝オリジナル・カラオケ

オレンジ・ペコー オープニング・テーマシングル 空の庭

カップリング曲：

空の庭 (another recording for film)、

輪舞 (with OP's)、

スウィート・ムービー (Sunaga t Experience remix)

発売日：2005年10月12日

発売元：BMG JAPAN

『まだまだ あぶない刑事』のビジュアルは大判巻帯の裏面

柴田恭兵／挿入歌アルバム 『あぶない刑事 YUJI THE BEST』

発売日：2005年10月19日

発売元：フォーライフ ミュージックエンタテイメント

2015年に価格変更、¥1980（税込）で発売中

まだまだ～の挿入歌「RUNNING SHOT～HysteriCa mix～」をはじめ、テレビシリーズと劇場版の挿入歌をすべて網羅。ドラマ内で使用の「ランニング・ショット」「WAR」のシングル発売音源が初CD化

HMVとのタイアップによるCD袋とフライヤー

『まだまだ あぶない刑事』公開記念 あぶない刑事 スペシャル・プライス・シリーズ

発売日：2005年10月19日　発売元：BMG JAPAN

映画版のサントラCD5点を再発売「まだまだ」「ともっとも」のみジャケットを変更（各CDとも既発売のアルバムと同じ内容）

VIDEO

レンタル用ビデオカセット
レンタル開始日：2006年4月14日
発売元：東映ビデオ

BD

発売日：2012年9月21日　発売元：バップ　価格：¥3300（税込）
特典映像としてスタッフ座談会（丸山昇一、柏原寛司、一倉治雄）と、
劇場版6作品の予告編集を収録
※『さらば あぶない刑事』公開直前の2016年1月6日に価格変更再発売

DVD

レンタル用DVD
レンタル開始日：2006年4月14日
発売元：東映ビデオ

販売用DVD
『まだまだあぶない刑事 DVD デラックス』
発売日：2006年4月21日
発売元：バップ　価格：¥7480（税込）
特典ディスクを含む3枚組
映画版あぶない刑事グッズをほぼすべて網
羅した60Pブックレット『あぶない刑事
MOVIES MUSEUM』を封入

販売用DVD／通常盤
発売日：2006年4月21日
発売元：バップ　価格：¥4950（税込）

PICTURE SOFTWARE ADVERTISEMENT

大型カウンターPOP
（2枚立ての表）
大型カウンターPOP
（2枚立ての裏）

組立式の陳列棚用
仕切りBOX
他にTVシリーズの
仕切りBOXもある

レンタル店展示用の大型スタンディー

PARTWORK

発売元：講談社
発売日：2014年4月22日

『劇場版 あぶない刑事
全事件簿
DVDマガジン』Vol.7

発売日：2016年1月13日
発売元：講談社
表紙変更、『さらば あぶない刑事』の
メイキング映像を追加して再発売

『特典映像付き 劇場版
あぶない刑事 全事件簿
DVDマガジン』Vol.7

映画『さらば あぶない刑事』

封切日：2016年1月30日

『あぶない刑事』の初放映から30年の節目に、『まだまだあぶない刑事』から約10年ぶりに制作された
映画第7作。前売鑑賞券は従来の紙製がまだ残っており、ムビチケと併用された。また、豪華な特典
もつけられていた。本作における略称の表記は前作の"アブデカ"から"あぶデカ"に変わった。

POSTER 劇場用以外に、本作は多くのタイアップポスターなども作られた。
今回は劇場用のポスターのみを掲載。

2015年7月20日にビジュ
アル公開のB全サイズポ
スター2種類

2015年10月27日にビジュ
アル公開のB全サイズポ
スター2種類

PRESS SHEET

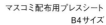

マスコミ配布用プレスシート
B4サイズ

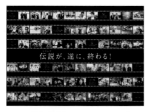

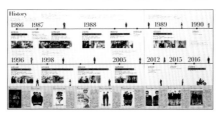

劇場配布チラシ（第2弾／二つ折り）

FLYER

劇場配布チラシ（第3弾／二つ折り）

表面　　劇場配布チラシ（第1弾）

裏面

二つ折りチラシの内側
第2弾、第3弾ともに同じ内容

上部にプレゼント付前売券の告知が
追加された

NEWS PAPER ADVERTISEMENT

読売新聞朝刊
掲載紙：2015年10月30日(金)

読売新聞夕刊
掲載紙：2016年1月22日(金)

読売新聞夕刊
掲載紙：2016年1月29日(金)

ムビチケ

サークルKサンクス
限定前売券の特典
2016年B2
タペストリーカレンダー

TICKET

特別鑑賞券
プレゼント付前売券特典、復刻劇場版チラシ&さらばクリアファイルセット

特典セットA
さらばクリアファイル
（タカ＆ユージ全身版）
復刻チラシ3枚を封入
（1作目、3作目、5作目）

特典セットB
さらばクリアファイル
（タカ＆ユージアップ版）
復刻チラシ3枚を封入
（2作目、4作目、6作目）

ペアチケットに
付属の台紙

表面　　裏面

ペアチケットの特典
プレミアムフォトブック
（B4サイズ／32ページ）

ペアチケット

PROGRAM

劇場販売パンフレット
表紙はタカ、裏表紙はユージ
初回版のタイトル部分は
銀の箔押しだった

GOODS

SARABA ABUNAI DEKA

プラチナクリアファイル

表面

裏面

名刺風メモセット

港署手帳風パスケース

開いた状態の
内側

パッケージ外装（表面）

パッケージ外装（裏面）
クリアファイルの裏面はこの共通デザイン

歴代クリアファイルセット7枚組　歴代映画ポスターをクリアファイル化

メタルボールペン
（ケース付）

サングラスケース＆
クリーナークロス

ステッカー

タカ面

ユージ面

タカ＆ユージ
リバーシブルアイマスク

弾丸型
ミニケース

SARABA
ABUNAI DEKA

表面　　裏面

B5ノート

湯呑み（表・裏）

手錠キーホルダー

ポスターセット2枚組

マフラータオル

Tシャツ（正面と背面）

クリアしおりセット

カードケース

ラバーストラップ

手拭い

ステンレスコースター

ショットグラス
ひとつのグラスに
タカ＆ユージをデザイン

シルバードッグタグ
両面にタカとユージを彫刻したペンダント
ケースに収納されていた
2016年1/30～3/15の期間限定受注生産品

大下勇次サングラス
（劇中Version）
RYUSHU サングラス
ユージ劇中モデルレプリカ
オリジナルクリーナー付
20個限定商品

大下勇次サングラス
（ポスターVersion）
RYUSHU サングラス
ユージポスターモデル
レプリカ
オリジナルサングラス
ホルダー付
300個限定商品

スタッフ用Tシャツ（正面と背面）

BOOK

『あぶデカ30周年記念！あぶない刑事 ヒストリーBOOK 1986→2016』
発行日：2015年12月18日
発行：講談社

小学館文庫『さらば あぶない刑事』
著者：柏原寛司
発行日：2016年1月4日
発行：小学館

MUSIC

『さらば あぶない刑事
オリジナル・サウンドトラック』
発売日：2015年12月9日
発売元：アリオラ・ジャパン／
ソニー・ミュージックレーベルズ
挿入歌「RUNNING SHOT」（柴田恭兵）の
最新ヴァージョン、エンディング・テーマ
「冷たい太陽 Final Version」も収録
本作はシングルのリリースは無し

STAMP SET

あぶない刑事 30周年記念
フレーム切手セット
申し込み期間：2016年2月16日〜同年4月22日
発売元：日本郵便
セット内容：切手10枚、切手ホルダー、クリアファイル2枚、ポストカード10枚

あぶない特製切手ホルダー
（表面と内側）

あぶない特製クリアファイル
表面と裏面を並べて掲載

あぶない特製ポストカードの記入面は10枚とも共通のデザイン

DVD

レンタル用 DVD
レンタル開始日：
2016 年 7 月 13 日
発売元：東映ビデオ

アウターケース

インナージャケット

販売用 DVD
発売日：2016 年 7 月 13 日
発売元：バップ
価格：5500 円（税込）
特典ディスクを含む 2 枚組
スペシャルブックレットを封入

さらば あぶない刑事〈数量限定生産版／
TOMICA LIMITED VINTAGE NEO
「ニッサン レパード」パッケージ限定ver.〉
発売日：2016 年 7 月 13 日
発売元：バップ

BD

アウターケース

インナージャケット

発売日：2016 年 7 月 13 日
発売元：バップ　価格：6600 円（税込）
特典ディスクを含む 2 枚組
スペシャルブックレットを封入
※特典ディスク、ブックレットの
内容は DVD、Blu-ray 共通

さらば あぶない刑事
〈数量限定生産版／TOMICA
LIMITED VINTAGE NEO
「ニッサン レパード」パッケージ
限定ver.〉
発売日：2016 年 7 月 13 日
発売元：バップ
価格：8580 円（税込）

GOODS 〔ONLINE SHOP〕

東映オンラインショップ、東映ビデオ オンラインショップにて発売された『あぶない刑事』30周年記念グッズ。

──『あぶない刑事』30周年記念グッズ──

30周年記念Tシャツ
ブラックとシルバーグレーの
2種類別売り
2015年9月より東映ビデオ オンラインショップにて販売

30周年記念グッズ 第2弾
2016年5月より販売

30周年記念マグカップ

30周年記念灰皿

30周年記念
ピンズセット

30周年記念
PREMIUM MAKIE STICKER
名台詞がデザインされたステッカー6種類

30周年記念扇子

『さらば あぶない刑事』
DVD&Blu-ray
発売記念商品

東映オンラインストアにて
2016年4月より予約限定発売

ロックグラス

手帳型スマホケース

『あぶない刑事』
MUSIC ARCHIVE & LIVE CD COLLECTION

音楽も重要な要素である『あぶない刑事』は新作公開後、または新作が無いタイミングでリリースされたCDも少なくない。過去のアルバムをセットにしたCD-BOXや、放映及び公開当時にリリースされたサントラ盤に未収録だった音源をアーカイヴしたCD、舘ひろしの本作関連曲だけを集めたアルバム、ライヴアルバムなど、2001年以降に発売されたCDをリリース順に紹介する。

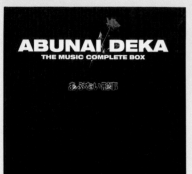

豪華解説書表紙

DISC1 TV あぶない刑事
オリジナル・サウンドトラック

DISC2 TV あぶない刑事
オリジナル・サウンドトラック総集編

DISC3 TV あぶない刑事 MUSIC FILE
※柴田恭兵「WAR」(アルバム『SHOUT』のMIX)「FUGITIVE」、舘ひろし「冷たい太陽(Another Version)」を追加収録

あぶない刑事
『THE MUSIC COMPLETE BOX』

発売日：2001年4月　発売元：BMG
ファンハウス ファミリークラブ
＊通信販売商品として発売された
10枚組CD-BOX。TV『あぶない刑事』から映画『あぶない刑事フォーエヴァー』までの間に発売されたアルバム10枚を、このBOXだけのジャケットデザインに変更して発売。LPレコードサイズのカートンBOXに、100ページ豪華解説書を同梱してリリースされた。

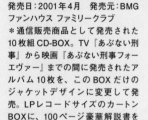
DISC4 映画 あぶない刑事
オリジナル・サウンドトラック
※柴田恭兵「GET DOWN」を
追加収録

DISC5 映画 またまたあぶない刑事
オリジナル・サウンドトラック
※柴田恭兵「GET DOWN」を
追加収録

DISC6 TV もっとあぶない刑事
オリジナル・サウンドトラック

DISC7 TV もっとあぶない刑事
MUSIC FILE

DISC8 映画 もっともあぶない刑事
オリジナル・サウンドトラック

DISC9 映画 あぶない刑事リターンズ オリジナル・サウンドトラック
※サントラ盤未収録BGM8曲

DISC10 映画 あぶない刑事フォーエヴァー オリジナル・サウンドトラック
※サントラ盤未収録BGM11曲

ファンの渇きを潤した、"狭間"に登場した劇場版の初DVD

本ページで紹介したCDのほかに、「あぶデカ」の新作が無い期間、いわゆる"狭間"にあたる2002年12月に、映画第1作からTVスペシャルまでのDVDも初リリース。その際、それぞれの発売元である東映ビデオとバップによる共同キャンペーンが実施された。ここでは、そのチラシと、全員プレゼントの『あぶ刑事オリジナルロケ地マップ』を紹介。

『あぶ刑事オリジナルロケ地マップ』を開いた表面と裏面

舘ひろし『あぶない刑事 TAKA THE BEST』

発売日：2012年10月24日
発売元：DefSTAR RECORDS
価格：¥2619（税込）

舘ひろしによるTV、映画全作のエンディング・テーマと、それらの楽曲の別Mix、別Version、舘ひろしのオリジナルアルバムから劇中に使用された曲なども含め、2012年当時の全17曲を収録。

『もっとあぶない刑事 オリジナル・サウンド・トラック＆ミュージックファイル』

発売日：2014年1月22日
発売元：バップ　価格：¥3666（税込）

放映当時フォーライフが発売した全曲歌入りサントラの初リマスター盤とインスト中心盤の2枚組全35曲。「TRASH」B面「Dark Side of Moon」や、「翼を拡げて」も収録。ほか、初収録となる劇中使用曲を含むサントラ曲のカラオケ、BGMなど。

封入の解説ブックレット（左）と特典盤（スペシャルディスク）のジャケット（右）

『あぶない刑事 ORIGINAL ALBUM COMPLETE』

発売日：2016年4月6日
発売元：Sony Music Direct

TV第1作から映画『まだまだ あぶない刑事』まで、放映及び公開当時に発売されたサントラ・アルバム全9枚と、スペシャルディスクによる10枚組。高音質Blu-spec CD2仕様。カートンボックスは先行発売の『さらば あぶない刑事 オリジナル・サウンドトラック』を収納する空きスペースも作られていた。LPレコード時代のサントラ5タイトルは紙ジャケット、CD時代のサントラ4タイトルはプラケースにして初回発売当時の仕様を再現。特典としてこのBOXに未収録の『さらば あぶない刑事』のサントラ盤を含むCD時代の5タイトル用の紙ジャケットも同梱されていた。

『あぶない刑事リターンズ MUSIC FILE』

発売日：2014年2月19日
発売元：バップ　価格：¥2750（税込）

公開当時のサントラ盤に未収録だったFuji-YamaによるBGM、柴田恭兵「RUNNING SHOT」（アルバム『SHOUT』に収録の別MIX）、舘ひろし「冷たい太陽〜NEW BLOOD VERSION〜」など、映画での使用順に全36曲を収録。

『あぶない刑事フォーエヴァー TVスペシャル'98 MUSIC FILE』

発売日：2014年2月19日
発売元：バップ　価格：¥2750（税込）

TVシリーズのBGMをFuji-Yamaがリミックスした音源と新BGMを、『TVスペシャル'98』の使用順に全曲収録。ボーナストラックは映像で未使用の音源と、場面の長さに合わせて編集する前の音源。全44曲収録。

『あぶない刑事フォーエヴァー THE MOVIE MUSIC FILE』

発売日：2014年2月19日
発売元：バップ　価格：¥2750（税込）

公開当時のサントラ盤や『TVスペシャル'98 MUSIC FILE』に未収録のBGMと、制作当時に映像の時間に合わせて編集されたOP曲、挿入歌、ED曲をMovie Ver.として、映画での使用順に全34曲を収録。

『あぶない刑事 NON STOP BEST』

発売日：2016年10月5日
発売元：Sony Music Direct　価格：¥3300（税込）

放映開始日10月5日に発売されたTV放映30周年記念盤。高音質Blu-spec CD2の2枚組でトータル60曲のノンストップ編集盤。DISC-1はYUJI SIDE、DISC-2はTAKA SIDEとしてサントラ曲はショートサイズ、柴田恭兵と舘ひろしの楽曲はフルサイズで収録。

『あぶない刑事 SPECIAL FILM CONCERT LIVE!』

発売日：2017年3月22日
発売元：S78 label　価格：¥2852（税込）

2016年10月5日に神奈川県民ホールと同28日大阪で開催された『あぶない刑事 スペシャル・フィルム・コンサート』のライヴ盤。「さらば」の音楽を担当した安部潤を中心にしたバンドの演奏を13曲収録。

『あぶない刑事 オリジナル・サウンドトラック スペシャル・エディション』

発売日：2023年4月19日
発売元：Sony Music Labels　価格：¥3300（税込）

TV第1作のサントラ盤を2枚組としてリマスター発売。DISC-1は放映当時発売されたサントラ盤2枚から重複収録曲を省いた全16曲。DISC-2はサントラ盤関連曲5曲とTV用BGM29曲を厳選収録。

CD制作秘話

高島幹雄（フリーランス・ディレクター／本頁のCDは通販BOXとLIVE以外を企画制作）

『あぶない刑事 TAKA THE BEST』

『TAKA THE BEST』は、『まだまだ あぶない刑事』の公開当時に、柴田恭兵『あぶない刑事 YUJI THE BEST』との同時発売として企画したが、すでに舘ひろしのベストアルバムの発売が決定していたために断念。それから約7年後、2012年9月発売の舘ひろしによる石原裕次郎の名曲カヴァーアルバム『HIROSHI TACHI sings YUJIRO』との連動企画として発売が実現した。

『もっとあぶない刑事 オリジナル・サウンド・トラック＆ミュージックファイル』

本書からさかのぼること約10年前。バップから『あぶない刑事リターンズ』『あぶない刑事フォーエヴァー』公開当時のサントラ盤に未収録だったBGMを発売しようと企画。その際に、廃盤になったままの『もっとあぶない刑事』のサントラ盤を、元々の発売元であるフォーライフ ミュージックエンタテイメントからリマスター復刻して、バップ発売のこの連動CDとの連動企画にしたいと同社に打診した。すると、自社では復刻しないがアルバムを丸ごとをバップに貸し出しても良いという返事をもらった。当時としては有り得ない、奇跡のような話で実現したCDだった。

映画『帰ってきた あぶない刑事』

封切日：2024年5月24日

前作から8年、警察を定年退職して探偵となったタカ＆ユージが活躍する劇場版第8作。ここでは最新映画のグッズのほか、新アイテムを併せて紹介。また、掲載したグッズの他に、LINEボイススタンプなどのサービスも行っている。＊情報は4月5日現在のもの

POSTER

B全ポスターは本ポスター＋5パターンが作られた。右の2点の絵柄は、スピードチラシにも使用されている。

FLYER

劇場配布チラシ

TICKET

ムビチケ

ムビチケカード バディ券（一般ペア券）特典のアクリルスタンド

GOODS

劇場グッズ 5月24日(金)より全国の公開劇場、東映 ONLINE STOREにて販売予定。
掲載の商品以外も多数取扱い予定!

リバーシブルコルクコースター
¥990(税込)

あぶデカップスリーブ ¥1200(税込)

マフラータオル ¥1980(税込)

マグカップ ¥1760(税込)

ピンバッジ
セット ¥1500(税込)

タイアップグッズ 企業とのコラボ商品をセレクト紹介。掲載以外にもまだまだ登場予定だ。
販売期間や購入先が異なるので要注意。

ABUDEKAマッチ
販売：日東社
¥300(税込) 発売中

横浜赤レンガ倉庫
ブリュレカステラ
(あぶない刑事限定パッケージ)

販売：ありあけ ¥1600(税込)
6月30日まで、横浜赤レンガ倉庫、京急
百貨店展示イベント会場などで販売

表 　裏

京急百貨店限定品
歴代ポスター缶バッチガシャポン

1回¥300
京急百貨店「あぶない刑事展」
4月26日～5月6日 7階･催事場

トマーティン 12年
ABDK

¥10000(税別)
輸入販売元：国分本社グループ(株)
2024年5月下旬発売開始予定
飲酒は20歳になってから。飲酒運転は法
律で禁じられています。

セントラル・アーツ オリジナルグッズ 劇場公開を記念したグッズ。東映ビデオオンラインショップで販売される。

シルエット エコバッグ
¥1500(税込) 2024年5月7日(月)～
*画像はイメージです

シルエット マフラータオル
¥3000(税込) 2024年5月7日(月)～
*画像はイメージです

シルエットディレクターズチェア
¥25000(税込)

■完全受注販売：受注期間
～2024年6月10日(月)予定
*画像はイメージです

CD

『帰ってきた
あぶない刑事
オリジナル・サウンド
トラック』

発売日：2024年5月8日
発売元：
ソニー・ミュージック
レーベルズ
価格：¥3300(税込)

『あぶ刑事 JAZZ』

安部潤＆THE SECRETS
発売日：2024年5月8日
発売元：
ソニー・ミュージック
レーベルズ
価格：¥3080(税込)

BOOK

『ノベライズ
帰ってきた
あぶない刑事』
発行：講談社
2024年5月24日発売
¥1650(税込)

『帰ってきた あぶない刑事
OFFICIAL
ビジュアルBOOK』
発行：ART NEXT
2024年4月22日発売
¥1980(税込)

『あぶない刑事 1990』
発行：講談社
2024年4月2日発売
¥1760(税込)

『あぶない刑事マニアックス』
発行：講談社
2024年5月2日発売
¥2200(税込)

『あぶない刑事インタビューズ
「核心」』
発行：立東舎
2024年5月16日発売
¥3300(税込)

『あぶない刑事』パチンコ・コレクション

近年になってパチンコの世界にも登場した『あぶない刑事』。このページでは、これまでに稼働した3種類の筐体と液晶演出の一部を紹介する。各遊技機の製造、発売元はいずれもニューギン。

2021年に初の遊技機が登場した時のポスター

ディーラー向け宣伝用グッズのアルコール除菌スプレー

Pあぶない刑事

型式名：Pあぶない刑事 M4-Z YT900
稼働開始日：2021年8月1日
本機専用枠に搭載された港303号やあぶ刑事ランプ、タカ＆ユージ拳銃などのギミックや、液晶画面で展開される名場面も楽しめる。

Pあぶない刑事 129ver.

型式名：Pあぶない刑事 N-Z YT350
稼働開始日：2022年6月5日
『Pあぶない刑事』の大当たり確率1/319のミドルスペックから、大当たり確率が1/129のライトスペックになった。本機専用枠のタカとユージは夏服仕様のデザインだが、液晶演出は前作とほぼ同じ。

Pもっとあぶない刑事

型式名：Pもっと あぶない刑事 L3-MX
稼働開始日：2022年12月4日
液晶演出は従来のシーンから引き継がれているものが多いが、RUSH中（当たり中）の演出が刷新されている。

敵を倒せばRUSHが継続する「死闘」

一発勝負でRUSH継続をジャッジする「一撃」。RUSH継続演出にはもうひとつ、タカかユージのどちらかの演出成功で決まる「刑事」がある

予告アクション
SEXY ダンディーショット

強SPリーチ
あぶない刑事劇場版
最強リーチ

銃激無双演出

キャラリーチのタカ＆ユージ。他にトオル、カオル、課長などもイラスト化

TV第1作の最終回「悪夢」を再現した場面。「もっと」の最終回「一気」も登場

チャンスアップ要素のカットイン画面

編 集／田神健一

総監修
企画・構成・執筆・グッズ協力／市来満

横浜ロケ地MAP
写真協力／南口一朗
撮 影／小島昇

グッズコレクション
企画・構成・執筆・グッズ協力／高島幹雄
撮 影／市谷明美

装丁・デザイン／門田耕侍

協 力／株式会社セントラル・アーツ
　　　　東映株式会社　東映ビデオ株式会社

あぶない刑事マニアックス

2024年 4 月26日　第 1 刷発行
2024年 9 月 9 日　第 4 刷発行

講談社編

©セントラル・アーツ／講談社2024

発行者／森田浩章

発行所／株式会社　講談社
　　　　〒112-8001 東京都文京区音羽2-12-21
電　話　編集 03-5395-3474
　　　　販売 03-5395-3608
　　　　業務 03-5395-3615
　　　　（落丁本・乱丁本はこちらへ）

印刷所／TOPPANクロレ株式会社
製本所／大口製本印刷株式会社

Printed in Japan　ISBN 978-4-06-529457-4
N.D.C.778 175p 12cm